Finger weg von Wagner!

Gesammelte Beiträge aus dem Symposium
zum Thema »Richard Wagner und der Sängernachwuchs«
vom Institut Gesang, Lied und Oratorium der Kunstuniversität Graz
in Zusammenarbeit mit der Grazer Oper, September 2016

Bibliografische Information der Deutschen Nationalbibliothek
Die Deutsche Nationalbibliothek verzeichnet diese Publikation in der
Deutschen Nationalbibliografie; detaillierte bibliografische Daten sind
im Internet über http://dnb.d-nb.de abrufbar.

978-3-95983-130-7 (Paperback)
978-3-95983-131-4 (Hardcover)

© 2018 Schott Music GmbH & Co. KG, Mainz

www.schott-campus.com

Alle Rechte vorbehalten
Nachdruck in jeder Form sowie die Wiedergabe durch Fernsehen,
Rundfunk, Film, Bild- und Tonträger oder Benutzung für Vorträge,
auch auszugsweise, nur mit Genehmigung des Verlags.

Cover: Richard Wagner unter Verwendung
eines Porträts von Cäsar Willich, Biebrich 1862

Tom Sol (Hg.)

Finger weg von Wagner!

Richard Wagner und der Sängernachwuchs

Inhaltsverzeichnis

Vorwort: Richard Wagner und der Sängernachwuchs   5

Dimitra Will: Deklamationsmaschinen   7

    Richard Wagners Gesangsästhetik im Kontext europäischer
    Gesangstraktate des 19. Jahrhunderts   7

    Literatur   24

**Karin Martensen: Wagner-Gesang: Diskurse, technische Ästhetik
und ihre biografischen Folgen**   27

    Einleitung   27

    Artifizialität versus Natürlichkeit: Wilhelmine Schröder-Devrient (1804–1860)   28

    Dramatischer Ausdruck durch Stimme, Körper und Geste:
    Anna Bahr-Mildenburg (1872–1947)   32

    Italienisches Belcanto auch im Wagner-Gesang: Frida Leider (1888–1975)   43

    Fazit   45

Boris Brinkmann: Historische Instrumente bei Richard Wagner   47

    Instrumente   49

    Spielweise   56

    Unterordnung Dirigent unter Regisseur (bzw. Personalunion)   58

    Retuschen/Unterordnung des Orchesters   59

    Tempo   60

    Pfuschen   62

    Deckel   63

    Abbildungen   64

**Victor Nefkens: From Bearskin to Men's Suit, Or:
From Deutschtum to Oikophobia**   65

    A Critical Reflection on the Changing Looks of Wagner
    Singers During the Twentieth Century and Beyond

    Introduction   65

    Wagner's Cosmopolitan Deutschtum: The Meaning Behind
    the Appearance of Germanic Myth in *The Ring*   66

    The Eclipse of Wagner's Deutschtum: How Germanic Myth
    came to be seen as a Proto-Nazi Element   70

    The De-Germanization of *The Ring*: Wagner in an Age of Oikophobia   71

Michael Rot: Das Œuvre Richard Wagners im Gesangsunterricht einer Kunstuniversität   79

Ulf Bästlein: »Was soll das sein? – Verdammtes Schrein!«   91

Betrachtungen zur Frage: Ist »Wagnergesang« lehr- oder lernbar?

    Was hat Richard Wagner selbst unter »gutem Wagnergesang« verstanden?   93

    Können wir »überzeitliche« Parameter für »guten Wagnergesang« benennen?   97

    Wie haben sich die äußeren Rahmenbedingungen des Sängerberufs im Verlauf der letzten rund 150 Jahre verändert? Welchen Anteil hat daran das Werk Richard Wagners?   100

    Zusammenfassung   104

Tom Sol: Hände weg von Wagner?   109

Ergebnisse einer Umfrage nach persönlichen Erfahrungen mit den musikdramatischen Werken Richard Wagners

    Einleitung   109

    1. Persönlichen Erfahrungen des Befragten mit der Musik Richard Wagners   110

        1.1 Erste Erfahrungen mit Wagner   110

        1.2 Ein guter Zeitpunkt   111

    2. Unterschiede hinsichtlich der stimmlichen Anforderungen   111

        2.1 Technische und künstlerische Anforderungen   111

        2.2 Einfache Rollen   112

        2.3 Wie teuer ist guter Rat?   113

    3. Exkurs: Repertoire   113

        3.1 Mozart und Meyerbeer   114

        3.2 Historische Beispiele 1   114

    4. Wagner an der Hochschule   115

        4.1 Vorurteile 1   116

        4.2 Inspirierende Beispiele 1   117

        4.3 Historische Beispiele 2   117

    5. Exkurs: Das Alter   118

        5.1 Historische Beispiele 3   119

    6. Inspirierende Beispiele 2   119

    7. Vorurteile 2   120

8. Bayreuth oder die Wagner-Pflege	121
9. Fazit	122
Literatur	123

Wolfram Seidner: Gibt es eine Physiologie des Wagnergesanges? **125**

Natur, Naturhaftigkeit, Natürlichkeit und Naturalismus	125
Funktionsebenen	126
Stimmerzeugung und Klangformung	127
Grundprobleme	128
Hyperfunktionen	129
Zusammenfassender Überblick	131
Schlussbemerkung	131
Quellen	132

Vorwort:
Richard Wagner und der Sängernachwuchs

In September 2016 organisierte das Institut Gesang, Lied und Oratorium der Kunstuniversität Graz in Zusammenarbeit mit der Grazer Oper ein Symposium zum Thema »Richard Wagner und der Sängernachwuchs«.

Bei diesen Symposien ist es ein Anliegen, die Zusammenarbeit von Wissenschaft und Kunst auf Augenhöhe stattfinden zu lassen – die wissenschaftliche Grundlage einer Tagung (Diskussionsrunden und Vorträge) soll dabei mit dem künstlerischen Anspruch eines Workshops (Unterrichtseinheiten, Künstlergespräche, Teamwork) verbunden werden. Kurz: Wir wollen Künstler, Pädagogen und Wissenschaftler (M/W) zusammenbringen, und somit einen praktischen Austausch von Befunden, Erfahrungen und Ideen möglich machen.

Richard Wagner ist bekanntlich ein Komponist nicht nur für die große Geste, sondern anscheinend auch für die große Stimme. Er hat sich mehrfach über den Gesangsunterricht geäußert und sogar an die Gründung einer Gesangsausbildung gedacht, um Sänger auf seine Musiktheaterwerke und deren Anforderungen vorzubereiten. Ein Beispiel dafür hat es bei den ersten Bayreuther Festspielen gegeben, wo die Sänger ein Jahr vorher schon für Vorbereitung und Einstudierung (unentgeltlich) nach Bayreuth gereist sind.

Was sind nun die stimmlichen Ansprüche seiner Musik, was die technischen Anforderungen? Wie wurde Wagner über die letzten zwei Jahrhunderte gesungen und was sind die Diskrepanzen? Was sind die ästhetischen Ansprüche seiner Musik, wie kann man Sänger auf Wagner vorbereiten?

Was hat dieser Komponist Gesangstudierenden zu bieten? Wie kann ein junger Sänger sich auf Wagner vorbereiten?

Anhand von Vorträgen, Diskussionen und Künstlergesprächen, aber – weil an einem Gesangsinstitut auch die praktische Umsetzung wichtig ist – auch anhand von Workshops und Meisterkursen wurden die Fragen um die Besetzungen von Wagners Opern erörtert und diskutiert. Es sollten Ansätze für Lösungen dieser Probleme sowie Vorschläge für die Entwicklung eines Programms zur Förderung des Nachwuchses formuliert werden. Zielgruppe dabei waren alle, denen der Nachwuchs an Sängerinnen und Sänger für die musikdramatischen Werke Richard Wagners ein Anliegen ist: in der Ausbildung wie in der Praxis, auf der Bühne wie im Zuschauerraum, darstellend/auftretend, (mit-)gestaltend, darüber schreibend oder einfach aktiv genießend.

Neben den in diesem Band versammelten Vortragenden gab es während des Symposiums Künstlergespräche mit KS Anja Silja und Sopran Johanni van Oostrum sowie Workshops mit Tenor Frank van Aken, Frau Johanni van Oostrum und Dirigent/Coach/Autor Peter Berné.

Dimitra Will:
Deklamationsmaschinen[1]

Richard Wagners Gesangsästhetik im Kontext europäischer Gesangstraktate des 19. Jahrhunderts

1. Einleitung

Das 1877 von Wilhelm Tappert publizierte Wagner-Lexicon ist ein symptomatisches Werk: Nur ein Jahr nach der Bayreuther Uraufführung der kompletten *Ring des Nibelungen*-Tetralogie sind in diesem Wörterbuch der Unhöflichkeit – so der Untertitel – zahlreiche heute mehr oder minder bekannte Schimpfwörter gesammelt.

- Mörder, Gesangsmörder. »Die stimmenmörderische Partie des Hans Sachs in den ›Meistersingern‹.«[2]
- Ochs, gestochener. – »Wenn im dritten Akte der Held Tristan auf den Tod verwundet endlos sich umherwälzt und dazu brüllt wie ein gestochener Ochs.«[3]
- Ohrenschindend und herzbrechend nennt Lienau, der würdige Herausgeber und Redacteur des »Echo« [...], Wotan's Abschied aus Wagner's Walküre.[4]
- Vampyr-Opern. »Wie es afrikanische Gegenden giebt mit einem wahrhaft mörderischen Klima, so existiren auch Opern, die sich mörderisch gegen die Sänger und Sängerinnen benehmen und deren ruinirender Einfluss sich an denselben über kurz oder lang unerbittlich geltend macht. Zu diesen Vampyr-Opern zählen wir die Wagner'schen Opern.[5]«

Trotz seines bitter-humoristischen Tonfalls ist Tapperts Text ein symptomatisches historisches Dokument: Es zeigt einerseits, mit welcher Polemik und Vehemenz die Diskussion um das Phänomen »Wagner« geführt wurde, andererseits zeugt der Text von der fragwürdigen Qualität der Aufführungen seiner Werke zu Lebzeiten.

Ausgehend von Tapperts Schimpfwörtern und der damit einhergehenden Annahme, dass vor allem Sängerinnen und Sänger kritisiert wurden, will sich die vorliegende kleine Untersuchung mit der Frage be-

---

[1] Wilhelm Tappert, *Wagner-Lexicon. Ein Wörterbuch der Unhöflichkeit*, Leipzig 1877, S. 8.
[2] Ebd., S. 25.
[3] Ebd., S. 27.
[4] Ebd.
[5] Ebd., S. 40.

schäftigen, wie der Wagnergesang von gesangspädagogischer Seite behandelt und gelehrt wurde. Mit der Re-Lektüre von Gesangstraktaten des 19. Jahrhunderts soll ein besseres Verständnis der pädagogischen und ästhetischen Umstände ermöglicht werden.

Gesangsschulen und Traktate, die sich mit dem Phänomen der Stimme im physikalisch Allgemeinen sowie der geschulten Singstimme im Speziellen beschäftigen, erleben im 19. Jahrhundert in ganz Europa eine regelrechte Publikationswelle. Das Zielpublikum dieser Textsorte ist dabei so vielfältig wie die Texte selbst: Von Formaten für den täglichen pädagogischen Gebrauch, über ästhetische Diskursdebatten hin zu medizinischen Fachtraktaten und Lehrbüchern für die professionelle Anwendung erfährt die Diskussion über das richtige Singen eine bislang noch nie dagewesene Aufmerksamkeit.[6] In erster Linie dienen solche Texte jedoch als Wissensspeicher: Sie liefern Momentaufnahmen aus dem regen Stimm-Diskurs des 19. Jahrhunderts. Über Diskursgrenzen hinweg vereinen alle Texte Informationen, die auf ihre spezifische Weise immer den aktuellen Zustand der Gesangskultur reflektieren. Die dabei ausgetragene Debatte ist von starker diskursiver Vehemenz, weswegen dem in solchen Texten angeschlagenen Tonfall oftmals eine polemische Note anhaftet. Ein normativer Anspruch ist allen Texten inhärent.

Im Hinblick auf die Frage, wo Wagnerstimmen herkommen, bieten solche Texte eine interessante Erweiterung.[7] Muss die Frage nach der Herkunft von Sängerstimmen immer einen Hauch des Historisch-Hypothetischen wahren, so sind die Spuren, die reale Stimmen in Texten hinterlassen haben, manifester. Erst der reale Gesang bewirkt das Verfassen solcher Texte. Real existente Sängerinnen und Sänger finden direkt oder indirekt Eingang. Fragen der allgemeinen ästhetischen Akzeptanz werden dabei ebenso thematisiert wie nationale Gesangsmoden.

Im Rahmen dieser Untersuchung soll diese diskursiv spannende Textgattung unter dem Blickwinkel betrachtet werden, welche Aspekte von

---

[6] Mladen Dolar weist zwar darauf hin, dass Diskussionen über Metaphysik und »Physik« der Stimme bereits bei Platon zu finden sind, aber die Vehemenz, mit der im 19. Jahrhundert über das richtige Singen debattiert wurde, ist neu. Vgl. Mladen Dolar, *His Master's Voice*, Frankfurt am Main 2007, S. 59–73.

[7] Auf diese Entwicklung hat bereits der Stimmexperte und Musikwissenschaftler Bernd Göpfert hingewiesen. Vgl. Bernd Göpfert, »Richard Wagner und die deutsche Gesangspädagogik in der zweiten Hälfte des 19 Jahrhunderts oder: Sprache und Gesang«, in: *Mit mehr Bewusstsein zu spielen. Vierzehn Beiträge (nicht nur) über Richard Wagner*, hrsg. von Christa Jost, und Rosamund Bartlett, Tutzing 2006, S. 207–221.

Wagners Gesangsästhetik Eingang in die gesangspädagogischen Traktate des 19. und frühen 20. Jahrhunderts gefunden haben. Auch wenn es sicher lohnend wäre, den Spuren realer Sängerinnen in diesen Texten zu folgen, so soll hier dezidiert das – kompositorische wie theoretische – Werk Richard Wagners im Mittelpunkt stehen. Sieht eine – vor allem »deutsche«[8] – Gesangsschule »vor« Wagner anders aus als »nach« Wagner?

---

[8] Die Nationalstaatenbildung in Deutschland ist ein Prozess, der im 19. Jahrhundert nicht oder erst spät abgeschlossen ist. Vgl. Hagen Schulze, *Kleine deutsche Geschichte*, München 1998, S. 8.

2.

Ein Ideal des Wagnergesangs sui generis lässt sich auch nach eingehender Lektüre zahlreicher Gesangstraktate nicht erkennen. Auch wenn jeder Text für sich eine plausible Interpretation dieser neuen Gesangsweise bietet, sind die Differenzen zwischen den Texten so groß, dass von einem einheitlichen Bild kaum die Rede sein kann. Die Unterschiede in den Gesangsschulen sind dabei so groß, dass die darin formulierten Vorstellungen vom Wagnergesang wohl kaum aus der Lektüre der theoretischen Texte Wagners resultieren, sondern vielmehr die Bühnenrealität und die Performance von Sängerinnen und Sängern widerspiegeln. Diese These würde zumindest die große Deutungsvarianz der gesangsästhetischen Überlegungen zu Wagners Gesangsstil plausibilisieren.

Richard Wagners Schriften zum Gesang entstanden erst verhältnismäßig spät. Martin Knust zufolge sind sie eine Reaktion ihrerseits auf die Missstände bei der Einstudierung eigener Werke, v. a. des *Rings*. Zudem wurden sie nur bedingt rezipiert und wenn, dann wurden sie oftmals missverstanden. Eines der sicherlich bekanntesten Beispiele dieses Missverständnisses ist die beständige Forderung der Komponisten-Witwe Cosima Wagner nach mehr Deutlichkeit, ein Votum, das eines der hartnäckigsten Vorurteile des Wagnergesangs bilden sollte.[9] Um ihre Forderung zu untermauern, nutzte Cosima vor allem Richard Wagners *Letzte Bitte* an die Sängerinnen und Sänger des ersten Bayreuther *Rings*.

> »Letzte Bitte an meine lieben Genossen! Deutlichkeit! – Die großen Noten kommen von selbst; die kleinen Noten und ihr Text sind die Hauptsache. – Nie dem Publikum etwas sagen, sondern immer dem andern; in Selbstgesprächen nach unten oder nach oben blicken, nie gerad' aus! – «[10]

Die so oft zitierte *Letzte Bitte* geht nach der Forderung »deutlicher« zu sein bezeichnend weiter. Neben einer rudimentären Blickregie erinnert Wagner seine Sängerinnen und Sänger daran, die kleinen – vielleicht agilen – Noten nicht zu vergessen. Sie seien »die Hauptsache«. Wagner betont weiter dezidiert die Einheit aus »kleinen Noten« und »ihr[em] Text«. Die hier geforderte Agilität der Sängerinnen und Sänger ist zent-

---

[9] Damit ist an dieser Stelle das überdeutliche Deklamieren gemeint, das George Bernard Shaw unter dem Begriff »Bayreuth bark« rezeptionswirksam subsumiert hat. Vgl. Sebastian Stauss: »Wagner und Belcanto«, in: *Wagnerspectrum. Schwerpunkt: Wagner und Italien*, hrsg. von Udo Bermbach, Würzburg 2010, S. 81–98, hier S. 81.
[10] Zit. nach: Martin Knust, *Sprachvertonung und Gestik in den Werken Richard Wagners. Einflüsse zeitgenössischer Rezitations- und Deklamationspraxis*, Berlin 2007, S. 91 und 450.

ral und dabei keineswegs symptomatisch. Bereits der italienische Belcanto betont die Wichtigkeit der kleinen, agilen Partikel der Gesangslinie und markiert diese als Teil der ästhetischen Herausforderung.[11] Wie Thomas Seedorf betont, war Richard Wagner durchaus ein Anhänger der Belcanto-Tradition.[12] Bereits in Wagners frühem Aufsatz »Der dramatische Gesang« von 1837 (posthum erschienen) beschreibt Wagner die ideale Sängerstimme, die klanglich durch und durch dem Ideal der italienischen Belcanto-Tradition verpflichtet ist:

> »Die höchste Reinheit des Tones, die höchste Präzision und Rundung, die höchste Glätte der Passagen und die genaueste Gliederung der Perioden, wie [...] die höchste Reinheit der Aussprache bilden das Fundament für den Gesangsvortrag.«[13]

Betrachtet man allein schon die Inhaltsverzeichnisse italienischer, dem Belcanto verpflichteter Gesangsschulen, fällt auf, dass die von Wagner geforderte Struktur bereits manifestiert war: Auf die reguläre Stimmbildung folgt hier eine Gesangslehre und schließlich eine Deklamationsschule. Das deutliche Deklamieren, wie es so häufig und meist reduktionistisch als Hauptmerkmal des Wagnergesangs stilisiert wurde, ist ein Element, das bereits dem italienischen Belcanto inhärent war. Doch welche Rolle spielen nun Deklamation und Aussprache in der Gesangsausbildung des 19. Jahrhunderts und in welcher Relation stehen die formulierten Ansprüche zu den ästhetischen Anforderungen Richard Wagners?

3.

Werfen wir zunächst einen Blick auf die Gesangsschulen vor Wagner. Bereits Nina d'Aubigny von Engelbrunner betont in ihren *Briefen an Natalie über den Gesang* von 1803, dass zuerst das Ohr und die Aussprache und erst dann Ton und Stimme ausgebildet werden sollen[14] – eine

---

[11] Noch Giovanni Battista Lamperti betont in seiner *Technics of Bel Canto* von 1905 die Bedeutung, die Agilität im Kriterienkatalog des Belcanto einnimmt. Vgl. Giovanni Battista Lamperti, *The Technics of Bel Canto*, New York 1905, S. 15–17.

[12] Vgl. Thomas Seedorf, »Deklamation und Gesangswohllaut: Richard Wagner und der deutsche bel canto«, in: *Mit mehr Bewusstsein zu spielen. Vierzehn Beiträge (nicht nur) über Richard Wagner*, hrsg. von Christa Jost und Rosamund Bartlett, Tutzing 2006, S. 181–206.

[13] Richard Wagner, *Sämtliche Schriften und Dichtungen*, Volks-Ausgabe. Bd. 12. 6. Auflage. Leipzig 1911, S. 16f.

[14] Vgl. Nina d'Aubigny von Engelbrunner, *Briefe an Natalie über den Gesang, als Beförderung der häuslichen Glückseligkeit und des geselligen Vergnügens*, Leipzig 1803.

Forderung, mit der dieser ausgesprochen frühe Text überrascht. Doch d'Aubigny hat einen konkreten Anlass für ihr Postulat: Sie spürt dem Vorurteil nach, dass es in Deutschland keine schönen Stimmen (wie in Italien oder Frankreich) gäbe.[15]

> »Es kommt aber nur darauf an, diese Hindernisse auszuspüren, um ihnen aus dem Wege zu gehen; und wenn uns, bei der Umgehung dieser natürlichen Nachtheile unserer Sprache, für den schönen Gesang noch viel zu thun übrig bleibt, so muß es uns doch freuen, daß dieses Feld seine Bebauer reichlich zu lohnen verspricht, und daß, wenn unsere Muttersprache nicht die allererste der Welt ist, um den guten Gesang zu befördern, sie doch gar manche ausgezeichnete Vortheile [...] hat, die besonders bei einer fleißigen Bearbeitung erst hervortreten dürften. Die Sprachen der verschiedenen Nationen haben allerdings einen merklichen Einfluß auf ihre Anlagen zum natürlich schönen Gesang, durch die frühe Bildung der Kehle.«[16]

Denkt man nun an Wagners Anliegen, dass seine Musikdramen einen dichterischen Anspruch haben, der auch und insbesondere durch die (bedeutungstragende) Sprache generiert wird, so lässt sich bereits 1803 erkennen, welche Problematik sich ergeben wird: Die nur schwer zu singende deutsche Sprache dient bei Wagner nicht allein als Tonvermittlerin, sie »bedeutet« auch selbst. Diese Dominanz des Wortes, das eine deutliche Aussprache und klare Deklamation voraussetzt, stellt Sängerinnen und Sänger vor neue technische Herausforderungen, wie sie bereits von d'Aubigny erkannt wurden: Die deutsche Sprache muss dem Gesang erst gefügig gemacht werden und kennt andere Ausprachegesetze als beispielsweise das Italienische oder Französische.

Rund 60 Jahre vor den Publikationen des Musikschriftstellers und Wagner-Zeitgenossen Julius Heys betont also bereits d'Aubigny die Bedeutung der Aussprache – was in früheren Texten wie denen von Pier Francesco Tosi (1654–1732) und Johann Friedrich Agricola (1720–1774) zwar auch vorkam, allerdings erst im späteren Verlauf des Gesangsstudiums vorgesehen war.[17] Der Vergleich mit einem weiteren zeitgenössisch stark rezipierten Text macht die Besonderheit der Briefe von d'Aubigny deutlich: 1804 kommt mit der *Gesanglehre des Conservatoriums der Musik in Paris* eines der Standardwerke des 19. Jahrhunderts heraus. Auch hier kommt – wie in sonstigen Regelwerken in der ersten

---

[15] Vgl. ebd., S. 10.
[16] Ebd.
[17] Vgl. Johann Friedrich Agricola, *Anleitung zur Singkunst. Aus dem Italiänischen* [sic] *des Herrn Peter Franz Tosi*, Berlin 1757, S. 136.

Jahrhunderthälfte üblich – die Aussprache deutlich später in der Ausbildung, nämlich erst nach der Stimm- und Tonbildung.[18]

Einer ähnlichen Linie folgen August Ferdinand Häser 1822 in seinem *Versuch einer systematischen Uebersicht der Gesangslehre* sowie Adolph Bernhard Marx mit seiner stark rezipierten *Kunst des Gesanges, theoretisch-praktisch* von 1826.[19] Bei Häser stehen die Ausführungen und Anweisungen zur Aussprache erst im letzten Kapitel. Insgesamt versucht sich dieser Text mehr am medizinischen Diskurs seiner Zeit zu messen.[20] Adolph Bernhard Marx hingegen bietet in seinem stark normativen Text trotz seines Untertitels keine praktische Gesangschule an. Seine Anweisungen eignen sich nicht zum Erlernen des Singens. Es handelt sich vielmehr um eine Art Regularium und musikalische Elementarlehre[21] für Sänger. Zu Beginn des dritten und letzten Teiles geht Marx schließlich auf die Vortragslehre als quasi letzter Säule des Gesangs ein. Als musikalisches Beispiel für den korrekten Vortrag wählt er Carl Friedrich Zelters *König von Thule* – ein Beispiel, das von der Ästhetik Wagners nicht entfernter hätte sein können. Marx liefert in diesem letzten Kapitel zugleich das Argument, weshalb Artikulation und Deklamation in vielen Gesangslehren hintangestellt werden müssen:

»§671: Die Unzulänglichkeit solchen Verfahrens leuchtet schon aus dem Entstehen einer Gesangskomposition, sodann aus dem Wesen der Tonkunst und ihrem Verhältnisse zur Dichtkunst ein. Die Gesangskomposition entsteht nicht vor ihrem Gedichte, sondern es muß erst ein Gedicht als Stoff vorhanden sein, aus und auf dem die Gesangskomposition geschaffen und gegründet wird. [...]

Daher ist das Gedicht dem Gesangkomponisten nur die Aufgabe zu seinem Werke, das Skelett, das er mit lebendigem Fleische umkleidet und wie dies geschehen sein wird, kann aus dem Gedicht allein natürlich nicht vollkommen erkannt werden.«[22]

---

[18] Vgl. Bernardo Mengozzi u.a., *Gesanglehre des Conservatoriums der Musik in Paris*, Leipzig 1804, S. 110.
[19] Vgl. August Ferdinand Häser, *Versuch einer systematischen Uebersicht der Gesangslehre*, Leipzig 1822.
[20] Häser knüpft hierbei vor allem an die Arbeiten des Arztes Karl Friedrich Liskovius' an. Vgl. Karl Friedrich Salomon Liskovius, *Theorie der Stimme*, Leipzig 1814.
[21] Die Informationen aus der Harmonielehre beispielsweise zeugen von Marx' Anliegen einer ganzheitlichen Ausbildung, die das Gesangswissen mit dem allgemeinen Musikwissen verbunden wissen will.
[22] Adolph Bernhard Marx, *Die Kunst des Gesanges. Theoretisch-praktisch*, Berlin 1826, S. 175.

Marx manifestiert hier eine ästhetische Hierarchie: Musik und Text sind zwei Säulen, die nicht miteinander vereint werden können. Die zeitliche Struktur des Kompositionsvorgangs und die damit einhergehende zeitliche Differenz dienen ihm hierbei als Hauptargument.

Doch neben dieser starken Argumentation Marx' gibt es auch Texte, die der Auffassung d'Aubignys folgen: So Horst Georg Nägeli in seiner allgemein-pädagogisch gehaltenen *Gesangsbildungslehre nach Pestalozzischen Grundsätzen*[23] von 1810, der sich in ästhetischer Hinsicht so modern wie bereits d'Aubigny zeigt. Der Verbindung von Gesangston und Wortlaut sowie dem Ineinanderfallen von Tongewicht und Wortgewicht kommt bei Nägeli enorme Bedeutung zu. Zwar steht auch bei ihm die Behandlung der Aussprache nahezu am Ende des gesamten Traktates. Allerdings nimmt die Betrachtung von Gesang und Wort fast ein Viertel des Gesamttextes ein. Nägelis Argumentation erinnert in ihren Grundzügen bereits an die ästhetische Auffassung Wagners vom Gesang.

4.

Aus diesem und in diesen Diskurs von Gesang und Dichtung schreibt Richard Wagner nun seine Musikdramen und theoretischen Texte zum Gesang. Wie bislang aufgezeigt werden konnte, hatte Wagners Gesangsästhetik durchaus ideologische Vorläufer. Doch lassen sich auch Spuren einer Reaktion auf seine Schriften und Kompositionen in späteren Gesangstraktaten des 19. Jahrhunderts nachweisen?

Die Nennung von Komponistennamen ist in Gesangsschulen nicht unüblich: Entweder in musikalischen Beispielen, oder aber um Lob und Kritik zu äußern, werden Komponisten erwähnt. Zu den am häufigsten in Gesangsschulen von 1840 bis 1870 genannten Komponisten zählen zweifelsohne Wolfgang Amadé Mozart, Ludwig van Beethoven, Giacomo Meyerbeer, Gaspare Spontini, Vincenzo Bellini, Christoph Willibald Gluck, Gaetano Donizetti und Gioacchino Rossini. Richard Wagner und seine Kompositionen werden nur selten erwähnt. Umso interessanter ist in diesem Zusammenhang die Bezeichnung Wagners als eines großen »Gesang-Componist[en]« in Heinrich Ferdinand Mannsteins 1845 erschienenem Werk *Geschichte, Geist und Ausübungen des Gesanges von Gregor dem Großen bis auf unsere Zeit*[24]. Doch 1845 hatte Wagner seine stilbildenden Kompositionen noch kaum geschrieben. Zur

---

[23] Vgl. Horst Nägeli, *Gesangsbildungslehre nach Pestalozzischen Grundsätzen*, Zürich/Stuttgart u.a. 1810.

[24] Vgl. Heinrich Ferdinand Mannstein, *Geschichte, Geist und Ausübungen des Gesagnes von Gregor dem Großen bis auf unsere Zeit*, Leipzig 1845.

Erinnerung: Bis 1845 waren nur *Die Feen, Das Liebesverbot, Rienzi* und *Der fliegende Holländer* aufgeführt. Genügten diese wenigen Aufführungen, um eine Prägung Wagners als »Gesang-Componisten« zu rechtfertigen? Die Annahme ist durchaus berechtigt. Gerade *Rienzi* und der *Holländer* waren – gemessen an den hinterlassenen Rezeptionsspuren – mediale Ereignisse ihrer Zeit, die aufgrund einer herausragenden Sängerin besonders stark wahrgenommen wurden: Wilhelmine Schröder-Devrient. Die beiden großen Partien »Adriano« (*Rienzi*) und »Senta« (*Holländer*) sind ihr auf den Leib geschrieben. Wagners Begeisterung für diese Sängerin blieb kaum geheim.[25] Schröder-Devrient sang die Partien Wagners zu einem Zeitpunkt, als sie im kontinentalen Europa bereits Ruhm und Anerkennung genoss. Ihre »Leonore« sowie ihr »Romeo« (Bellini), ihre »Emmeline« (Weigl: *Schweizerfamilie*) und ihre »Norma« prägten über Jahrzehnte hinweg diese Partien und galten als zu erreichender Maßstab. Die frühe mediale Aufnahme eines Komponisten wie Richard Wagner – dessen Karriere 1840 noch in den Kinderschuhen steckte – als »Gesang-Componisten« könnte mit der Prominenz Wilhelmine Schröder-Devrients durchaus zusammenhängen. Wagner arbeitete vor allem in Dresden mit ihr zusammen,[26] wo die Sängerin hauptsächlich vom renommierten deutschen Gesangspädagogen Johannes Aloys Miksch ausgebildet worden war. Auch Heinrich Ferdinand Mannstein zählte zu den Schülern von Miksch. Die Annahme, dass Mannsteins Euphorie für Wagner über die Schnittstelle der Sängerin Schröder-Devrient erfolgt sein könnte, scheint unter diesen Voraussetzungen naheliegend.

In Mannsteins *Großer italienischen Gesangschule, nebst praktischen Übungsstücken*[27] drei Jahre später erfolgt dann keine Erwähnung Wagners mehr. Auch bei der Auswahl der Gesangsbeispiele entscheidet sich Mannstein stattdessen für Ausschnitte aus Werken Spontinis, Rossinis, Mozarts und Händels. Doch diese Auswahl wundert wenig, galten Wagners Musikdramen kaum der Zurschaustellung italienischer Gesangskunst. Sei-

---

[25] Vgl. Anno Mungen, »In einer selbstgeschaffenen Manier. Die Stimme der Wagnersängerin Wilhelmine Schröder-Devrient am Beispiel Adriano in *Rienzi*«, in: *Richard Wagner: Persönlichkeit, Werk, Wirkung (= Leipziger Beiträge zur Wagner-Forschung: Sonderband)*, hrsg. von Helmut Loos, Leipzig 2013, S. 323–330.

[26] Schröder-Devrient war von 1823 bis 1847 an der Dresdner Hofoper fest engagiert. Richard Wagner folgte dann 1842 als Kapellmeister in der Nachfolge Heinrich Marschners und Carl Gottlieb Reißigers. Vgl. Isabelle Emerson, »Wilhelmine Schröder-Devrient (1804–1860)«, in: *Five Centuries of Women Singers*, Connecticut 2005, S. 137–149 *(= Music Reference Collection, Number 88)*, hier S. 144.

[27] Vgl. Heinrich Ferdinand Mannstein, *Die grosse italienische Gesangschule nebst praktischen Uebungstücken, klassischen, bisher ungedruckten Singübungen von Meistern aus derselbsen Schule, und Arien für den Unterricht*, Dresden/Leipzig 1848.

ne Kompositionen (1848 war mittlerweile sein *Tannhäuser* fertiggestellt und aufgeführt) wurden vielmehr unter den Vorzeichen des Nationalen geführt: Wagner galt als deutscher Komponist.

Gerade dieses nationale Selbstverständnis Wagners erleichterte es, seine Musikdramen als dezidiert deutsche Kunst wahrzunehmen. Ein weiteres Indiz für Wagners nationales Interesse ist – wie aus zahlreichen Briefen mittlerweile bekannt ist – sein Interesse am Gesangspädagogen Friedrich Schmitt, dem Verfasser der *Großen Gesangschule für Deutschland* von 1854. Wagner begrüßte dessen Gewichtung der vornehmlich deutschen Sprache und sah sein Votum für einen deutschen Belcanto durch Schmitt verwirklicht. Allerdings kam es bereits kurze Zeit nach der anfänglichen Begeisterung zum Bruch: Schmitt gehe nicht weit genug. Die Entwicklung des Gesangs müsse ihren Anfang beim gesprochenen Wort suchen und ihren Sinn in der Dichtung sehen, so Wagners Grundannahme, der Schmitt nicht folgt. Folgerichtig werden in der *Großen Gesangschule* Schmitts Richard Wagner oder seine Kompositionen nicht erwähnt.

Horst Nägelis Antwort auf Schmitts Text folgt dann erst zehn Jahre später, 1864, mit der Abhandlung *Über den Verfall des dramatischen Gesangs in Deutschland und Friedrich Schmitt*. Nägeli positioniert sich abseits von Friedrich Schmitt und Richard Wagner:

> »Wir betonen: der große Haufe! Mozart, Beethoven, Weber, Mendelssohn, Richard Wagner – haben sich nie unterfangen, Sänger bilden zu wollen.«[28]

Eine Begründung für seine Annahme liefert Nägeli nicht. Auch wenn seine Ausführungen jeglicher Lösungsansätze und Grundlagen entbehren, eignet sich sein Werk dennoch, um zu demonstrieren, wie polemisch die Debatte um den deutschen Gesang in der zweiten Jahrhunderthälfte geführt wurde.[29]

Wagners Gesangsästhetik findet allerdings auch explizite Befürworter: Ferdinand Sieber beispielsweise feiert in seinem *Vollständigen Lehrbuch der Gesangskunst zum Gebrauche für Lehrer und Schüler des Sologesanges* von 1856 Richard Wagner als »Begründer einer ganz neuen Richtung.«[30] Der »deutsche Sänger«[31] (man beachte auch bei Sieber die Betonung des Nationalen zu einer Zeit, als es eine deutsche nationale Identität

---

[28] Nägeli, S. 34.
[29] 1851 war bereits Richard Wagners *Oper und Drama* erschienen, in dem sich genaue (theoretische) Ausführungen zur Bildung des neuen Gesangsstils finden lassen. Vgl. Richard Wagner, *Oper und Drama*, Leipzig 2008, S. 287f (Vokalbedeutung) und 322–326 (Menschenstimme).
[30] Ferdinand Sieber, *Vollständiges Lehrbuch der Gesangskunst zum Gebrauche für Lehrer und Schüler des Sologesanges*, Magdeburg 1858, S. 523.
[31] Ebd.

noch überhaupt nicht gab) müsse die »dramatische Wahrheit«[32] darbieten. Dies und eben keine Virtuosität[33] werde von einem deutschen Sänger erwartet. Der »deutsche Sänger« sei bekannt dafür, dass er dem Werk und Komponisten diene. Es bleibt bei Siebers zwar offen, wer die Erwartenden seien und wer »der deutsche Sänger« überhaupt ist, doch machen seine Aussagen deutlich, dass 1856 eines der hauptsächlichen Merkmale des Belcanto – nämlich die aufwendige und virtuose Auszierungskunst – keine Sache der Deutschen sein sollte. Da hinein (so Sieber) »begründet« nun Wagner seine »ganz neue Richtung«[34]: Sowohl bei Sieber als auch bei Wagner und zuvor bei d'Aubigny und Nägeli handelt es sich um die Forderung nach der Verbindung von Deklamations- und Gesangslehre, die sich – bei Sieber – dezidiert für eine Vokalfärbung ausspricht.

So deutlich wie beispielsweise bei Sieber fällt das Bekenntnis zum (vermeintlich) neuen Gesangsstil Richard Wagners nicht immer aus. Auch Friedrich Wieck, der große Lehrer und Publizist, erwähnt in seinem bereits 1853 erschienen Traktat *Clavier und Gesang. Didaktisches und Polemisches* mehrfach den Namen Wagners. Wieck unterstützt ihn in seinem Lamento über den Gesangsverfall in Deutschland und hält es für richtig, die Sprache im deutschen Gesang in den Mittelpunkt zu stellen. Doch – ähnlich Bernhard Adolph Marx – hierarchisiert auch Wieck:

> »Der Sänger darf nie zum ›bloßen Declamator‹ herabgewürdigt werden, wie Wagner und einige Andere thun wollen, und wenn die Musik dazu an und für sich noch so geistreich und grossartig concipirt wäre.«[35]

Wieck benennt zwar das Problem, welches aus der Sprachfokussierung im Gesang folgen muss, kennt allerdings weder einen alternativen Lösungsansatz noch andere deutsche Komponisten außer Wagner, die sich an die Sprachlichkeit der Musik gewagt hätten. Auch bleibt bei

---

[32] Ebd.
[33] Man vergleiche hierzu die Karriere der deutschen Sängerin Francilla Pixis. In der italienischen Presse wurde immer darauf hingewiesen, dass ihre »espressione« und ihr »brio« dem italienischen nicht genügen würde. Die Stärke deutscher Sängerinnen sei ohnehin die Darstellung. Pixis wurde in Italien daher immer als deutsche Sängerin aufgenommen. »Francilla Pixis ist eine echt deutsche Natur, voll Seele, voll Gefühl, doch fehlt ihr noch eine gewisse Lebendigkeit, eine gewisse Expansion des Ausdrucks«. Sie sei »noch nicht am südlichen Sonnengold gereift« und sie müsse noch »das Brio der Italiener erlangen«. Vgl. Franz Liszt, *Ges. Schriften Bd. 2: Reisebriefe*, Leipzig 1881, S. 192f.
[34] Ebd.
[35] Friedrich Wieck, *Clavier und Gesang. Didaktisches und Polemisches*, Leipzig 1853, S. 28.

Wieck offen, inwiefern die Gesangspädagogik das festgestellte Problem bewältigen könne.

Oskar Guttmann hat in seiner *Gymnastik der Stimme gestützt auf physiologische Gesetze* von 1867 – der Mode folgend – ebenfalls einen besonders großen Aussprache-Teil. Das hierfür benötigte körperliche Training von Stimmbändern, Atemorganen und Mundapparat gerät bei Guttmann in geradezu athletische Bereiche.[36] Zwar finden sich in früheren Gesangsschulen des 19. Jahrhunderts – auch im außerdeutschen Sprachraum – Hinweise auf den Körper und vor allen Dingen auf die wechselseitigen Auswirkungen von Körper und Stimme.[37] Die einseitige Betonung des körperlichen Aspekts, wie sie bei Guttmann vorliegt, ist jedoch außergewöhnlich. Die neuesten Erkenntnisse Manuel Garcías sind für diese Betonung des Körperlichen sicherlich von Vorteil gewesen.[38]

Andere Gesangsschulen verklären Richard Wagner geradezu zum prophetischen Visionär. C. S. Camillo versteht in seinen *Kriterien über die moderne Gesangskunst der Neuzeit* von 1871 Wagner als den

> »[...] einzige[n] Opern-Componist[en], der, aussschließlich den Eingebungen seiner Phantasie folgend, mit den vorhandenen Mitteln der Gesangskunst nicht rechnet, und dieser Umstand mag wahrlich nicht die letzte Ursache des schweren Kampfes sein, den er mit der neueren Musikwelt durchzukämpfen hat. Die Gesangstimmen mögen wohl in seiner Vorstellung anders geklungen haben, als er sie in der praktischen Wirklichkeit zum grossen Teile vernehmen kann.«[39]

Camillo spricht in seiner Apotheose gerade durch zwei diskursive Leerstellen zwei Missstände an: Zum einen reichen die »vorhandenen Mittel der Gesangskunst« nicht aus um der »Phantasie« Wagners – des Genies – zu genügen. Zum anderen scheint die reale Gesangsdarbietung der Werke Wagners nicht zu gelingen. Camillo, der sich durch seine Elogen als glühender Anhänger zeigt, versucht Wagners Kompositionen zu entlasten und die darin formulierten Anforderungen an den Gesang zu

---

[36] Man vergleiche hierzu bereits das Inhaltsverzeichnis, Kapitel wie »Die ausströmende Luft muß an den Wurzeln der oberen Schneidezähne (am harten Gaumen) anlangen« beinhaltet. Vgl. Oskar Guttmann, *Gymnastik der Stimme gestützt auf physiologische Gesetze. Eine Anweisung zum Selbstunterricht in der Uebung und dem richtigen Gebrauche der Sprach- und Gesangsorgane*, 2. Auflage. Leipzig 1867, S. XXIX.
[37] Z. B. Hektor Arneth, *Die menschliche Stimme und der Einfluß des Gesanges auf die Athmungs-Organe nebst einigen Verhaltensregeln für Sänger*, Wien 1842.
[38] Vgl. Manuel García, »Observations on the human voice«, in: *Proceedings of the Royal Society of London*, London 1855, S. 399–410.
[39] C. S. Camillo, *Kriterien über die moderne Gesangskunst*, Wien 1871, S. 72.

relativieren, indem er argumentiert, dass Wagner den aktuellen Gesang in der Form, wie er sich bei den Aufführungen seiner eigenen Werke zeigt und wie er dadurch für Unmut sorgt, so nicht beabsichtigt hat. Camillo unterstellt Wagner somit eine Art platonische Differenz zwischen dem komponierten Ideal und dessen defizitärer Umsetzung.

Wie Richard Wagners Vorstellung vom Gesang ausgesehen haben mag, schildert sicher am prominentesten der Musikpädagoge Julius Hey. In seinem mehrbändigen Lehrbuch *Deutscher Gesangs-Unterricht* von 1885–1887 finden sich die deutlichsten Hinweise auf die Ästhetik des Wagnergesangs. Die enge ideologische Nähe zum Komponisten selbst kommt nicht von ungefähr. Hey gehörte zu Wagners engsten Mitarbeitern bei der Einstudierung seines ersten Bayreuther *Rings* 1876. Auch war Julius Hey Schüler des von Wagner (anfangs) verehrten Friedrich Schmitt. Ganz wie bei seinem Lehrer bildet auch bei Hey die deutsche Sprache und nicht etwa die italienische Solmisation den Grundstock seiner Lehre. Folgerichtig muss Hey die Frage stellen:

> »Genügt der Gesangsunterricht nach der üblichen Methode italienischer Solmisation den Anforderungen, welche der deutsche Opernstyl, insbesondere das durch Wagner geschaffene musikalische Drama, an den Sänger stellt?«[40]

Hey unterscheidet klar zwischen »deutsche[m] Opernstyl« und Wagners »musikalischem Drama«, was der Dichtung innerhalb der (musikalischen) Komposition einen neuen Stellenwert zubilligt. Wagners Konzeption eines universalen Dramas mag neu gewesen sein. In Hinblick auf die Verschmelzung von Wort und Gesang hat er jedoch – wie bereits aufgezeigt werden konnte – zahlreiche Vorgänger. Auch Hey ist dies bewusst und reiht Wagner in eine Komponisten-Genealogie ein:

> »Glucks energisches Vorgehen: zwischen Wortsprache und Gesang eine natürliche Verschmelzung herzustellen, blieb vereinzelt. Auch die von Mozart eingeschlagenen Wege blieben unbetreten; man führte die übliche Textverkümmerung unbedenklich fort, bis WEBER endlich dem ›gesungenen Worte‹ wieder eine pietätvollere Pflege zuwendete, die aber auch nur wenige seiner Nachfolger im angedeuteten Sinne weiterbildeten.
>
> R. WAGNER hat es endlich durchgesetzt, der Sprache im musikalischen Drama wieder die ihr zukommende, gleichberechtigte Bedeutung zu sichern. Dass dies nur langsam und mit grösster Beharrlichkeit zu erreichen war, beweist, wie sehr ihre rechtliche Stellung zur Musik dem deutschen

---

[40] Julius Hey, *Deutscher Gesangs-Unterricht. Sprachlicher Teil*, Mainz 1885, S. 2.

Bewusstsein abhanden gekommen war; man konnte sich das bestehende Verhältniss gar nicht mehr anders vorstellen.«[41]

Neben der Tatsache, dass Hey der erste Gesangspädagoge überhaupt ist, der die Sprache in den Mittelpunkt rückt, stellt er – anders als Friedrich Schmitt – konsequenterweise auch deren korrekte Aussprache an den Beginn seiner Gesangsschule.[42] Doch es sei betont: Hey setzt die Aussprache an den Anfang. Die Ausbildung der Gesangsstimme ist durch die Aussprache allein nicht abgeschlossen. Seine Gesangsschule besteht aus mehreren Bänden. Die sich dann anschließende Methode unterscheidet sich jedoch nur wenig von der Friedrich Schmitts. An Stelle italienischer Solmisationssilben treten deutsche Silben und Laute, die sich recht bald zu ganzen Wörtern und Verszeilen erweitern. Ein weiterer großer Unterschied zu Schmitt, aber auch Sieber u. a., ist Heys Forderung, die Vokale zu neutralisieren und vor allem nicht einzudunkeln.

Aus dem europäischen Ausland haben sich ganz andere Stimmen gemeldet: In Frankreich scheinen Wagners Kompositionen und der damit verbundene Anspruch auf einen deutschen Belcanto kaum eine Rolle zu spielen. Zwar findet sich noch in Manuel Garcías *Nouveau traité sommaire du l'art du chant* von 1856 – eine Umarbeitung seiner äußerst erfolgreichen *L'art du chant* von 1840 – der lange Abschnitt »De la parole unie à la musique«. García fügt zu Demonstrationszwecken »echte« Musik und keine Beispielkompositionen ein. Unter diesen Musikbeispielen finden sich auch deutsche Kompositionen. Die Auswahl endet jedoch mit Carl Maria von Weber, dessen *Euryanthe* ohnehin auf Französisch wiedergegeben ist (im Traktat). Trotz aller inhaltlichen Änderungen zwischen 1840 und 1856 hat García kein Beispiel aus den Kompositionen Richard Wagners aufgenommen.

Der Bariton Jean-Baptiste Faure unterstützt García in dieser Entscheidung in seinem 1886 erschienenen Text *La voix et le chant*. Wagners Gesangsstil sei so angelegt, dass man den Gesang geradezu streichen könne und sogar bereits weglassen würde:

---

[41] Hey, S. 148.
[42] Man vergesse an dieser Stelle nicht, dass es eine einheitliche Aussprache »der deutschen Sprache« nicht gab. Dialektale Färbungen, wie sie heute nur noch vereinzelt und in deutlich gemilderter Form anzutreffen sind, waren im 19. Jahrhundert noch die Regel. Vgl. Tina Theobald, *Presse und Sprache im 19. Jahrhundert. Eine Rekonstruktion des zeitgenössischen Diskurses*, Berlin 2012, S. 53f.

»Pour donner une idée du peu d'importance accordée aux chanteurs par certains maîtres, je citerai le fragment de la Valkyrie de Wagner, intitulé le Feu, qu'on a pu entendre à Paris dans nos concerts symphoniques avec ou sans chanteur, à volonté.« [43]

Noch 1886 gelten die Musikdramen Richard Wagners – als Gesangskompositionen betrachtet – als vernachlässigbar. Wagners Gesangsstil ist – Faure zufolge – gar kein Gesang, weshalb er komplett eingekürzt werden kann.

Der Berliner Giovanni Battista Lamperti geht auf das Vorurteil, dass Wagners dramatischer Gesang die Stimme zerstören würde, näher ein. In seiner *Technik des Bel Canto* von 1905 heißt es:

»A strong, thoroughly trained organ will by no means, as many erroneously think, be ruined by Wagner's music.« [44]

Es sei keine Anforderung der Musik Wagners, sondern vielmehr eine Überforderung der Stimme, die diese gefährde. Diese widernatürliche Anstrengung würde die Stimme gefährden. Eine Stimme, so Lamperti weiter, die ihre Ausbildung noch nicht abgeschlossen hat, übernehme sich leicht. Auch sei die »Größe« der Stimme entscheidend dafür, wie lange sie überhaupt singen könne.

Doch welche Erfahrungen weiß eine Sängerin mitzuteilen, die Richard Wagners Einstudierungsversuche gut kennt? Lilli Lehmanns autobiographischer Text *Meine Gesangskunst* von 1902 gestattet Einblicke auch in die Arbeit Richard Wagners. Lehmann gilt als eine der wichtigsten Interpretinnen des 19. Jahrhunderts überhaupt, doch spielte sie auch eine entscheidende Rolle für Richard Wagner und die Aufführung seiner Werke. Bei der ersten Bayreuther *Ring*-Aufführung 1876 übernahm sie die Partie der ersten Rheintochter Woglinde. In *Meine Gesangskunst* wird Wagner an lediglich vier Stellen erwähnt. Lehmann betont, dass seit Wagner die Komponisten zunehmend auf die Dichtung achten. Die Sängerin meint hierbei dezidiert die Dichtung und nicht die Deutlichkeit (der Aussprache). Diese Dichtung sei der »furchtbare Zauber« Wagners[45]. Lediglich die Gesangsleistung der Tenöre bemängelt Lehmann und lästert böse:

---

[43] Jean-Baptiste Faure, *La voix et le chant*, Paris 1886, S. 8.
[44] Giovanni Battista Lamperti, *The Technics of Bel Canto*, New York 1905, S. 35.
[45] Lilli Lehmann, *Meine Gesangskunst*, Berlin 1902, S. 41.

»Könnten deutsche Tenöre nicht auch gut singen lernen, trotzdem sie Wagner interpretieren? Hätten sie gerade diesem Meister gegenüber nicht die Verpflichtung, ihre Stimme rücksichtslos gebrauchen zu lernen?«[46]

Doch auf welchen konkreten Missstand spielt Lilli Lehmann an? Meint sie das widernatürliche Hochziehen des Brustregisters oder spielt auch sie auf den sogenannten »Bayreuth bark« an, der manch einen Sänger seine Gesangstechnik vergessen ließ?

---

[46] Lehmann, S. 22f.

5. Fazit

Einige Gesangsschulautorinnen und -autoren bringen die Notwendigkeit der Verbindung von Deklamations- und Gesangskunst deutlich zum Ausdruck. Auch wenn das Ziel klar ist, bleibt die Frage nach der Ausbildungsmethode unbeantwortet. Einen »goldenen Weg« zu dem, was unter dem Begriff »Wagnergesang« subsumiert wird, gibt es nicht. Einzelne Aspekte in der Diskussion um diese neue Gesangsästhetik bleiben bemerkenswert: Auf die Wichtigkeit und Richtigkeit der Aussprache wurde schon vor Wagners Schaffen – sowohl als Komponist als auch als Theoretiker – hingewiesen. Die Neuerung in Wagners Gesangsästhetik im »Bayreuth bark« zu suchen, wäre somit falsch. Eine Reduktion auf bloße Textverständlichkeit – so zumindest das lange anhaltende und zum Begriff »bark« führende Vorurteil – liegt Wagner gänzlich fern. Es wäre nicht allein eine Reduktion, sondern eine gänzliche Fehlinterpretation, wie sie – leider – auch verstärkt von Cosima Wagner verfochten wurde: Die Aussprache ist nämlich nicht das Ziel, welches ein Sänger verfolgen muss. Wagner versteht die Melodielinie vielmehr als das Ergebnis des deutschen Sprachrhythmus mit seinen natürlichen Silbengewichtungen und immanenten phonetischen Merkmalen. Durch das Verständnis der Melodie aus den Grundelementen der Sprache heraus, erlangt sie eine völlig neue Bedeutung. Der Gesang wird somit aus der Sprache geboren. Dieser für Wagner so wichtige Aspekt wurde unter den Gesangspädagogen des 19. Jahrhunderts erst durch Julius Hey proklamiert. Insgesamt spaltet sich die Rezeption des neuen Gesangsideals in drei Gruppen: viele Missversteher, rigorose Ablehner und wenige – vor allem im deutschsprachigen Raum – glühende Anhänger. Dass sich Wagner der Gesangstechnik des Belcanto verpflichtet fühlte, blieb dabei vor allem von seinen Zeitgenossen völlig unberücksichtigt. Doch Vorurteile haben eine lange Halbwertszeit und so muss das Bild der »bellenden Walküre aus Bayreuth« noch heute häufig in den Köpfen herhalten, wenn es um die Darstellung des typischen Wagnergesangs geht.

Dimitra Will (*1986) promoviert und unterrichtet am Forschungsinstitut für Musiktheater der Universität Bayreuth. Dort arbeitete sie auch am DFG-Projekt *SängerInnen und Rollen. Geschlechtskonzeptionen in der Oper des 19. Jahrhunderts*. Studium der Musikwissenschaft und Germanistik an der Julius-Maximilians-Universität Würzburg, sowie Dirigierstudium (Orchesterleitung) an der Hochschule für Musik Würzburg. Sie arbeitet freiberuflich als Dirigentin und Dirigierassistentin an diversen Opernhäusern und leitet das Symphonieorchester *Pizzicato* (Würzburg). In ihrer Promotion beschäftigt Sie sich schwerpunktmäßig mit Stimmgattungsdiskurs des weiblichen Alts im 19. Jahrhundert sowie dem Einfluss gesangstheoretischer Traktate auf Rollenkonzeptionen und -konventionen in Deutschland, Frankreich und Italien.

Literatur

Agricola, Johann Friedrich: *Anleitung zur Singkunst. Aus dem Italiänischen [sic] des Herrn Peter Franz Tosi*, Berlin 1757.

Arneth, Hektor: *Die menschliche Stimme und der Einfluß des Gesanges auf die Athmungs- Organe nebst einigen Verhaltensregeln für Sänger*, Wien 1842.

Camillo, C.S.: *Kriterien über die moderne Gesangskunst und den Gesangsunterricht der Neuzeit*, Wien 1871.

d'Aubigny von Engelbrunner, Nina: *Briefe an Natalie über den Gesang, als Beförderung der häuslichen Glückseligkeit und des geselligen Vergnügens*, Leipzig 1803.

Dolar, Mladen: *His Master's Voice*, Frankfurt am Main 2007.

Emerson, Isabelle: »Wilhelmine Schröder-Devrient (1804–1860)«, in: *Five Centuries of Women Singers*, Connecticut 2005, S. 137–149 *(= Music Reference Collection, Number 88)*.

Faure, Jean-Baptiste: *La voix et le chant*, Paris 1886.

García, Manuel: »Observations on the human voice«, in: *Proceedings of the Royal Society of London*, London 1855, S. 399–410.

Göpfert, Bernd: »Richard Wagner und die deutsche Gesangspädagogik in der zweiten Hälfte des 19 Jahrhunderts oder: Sprache und Gesang«, in: »*Mit mehr Bewusstsein zu spielen«. Vierzehn Beiträge (nicht nur) über Richard Wagner*, hrsg. von Christa Jost und Rosamund Bartlett, Tutzing 2006, S. 207–221.

Guttmann, Oskar: *Gymnastik der Stimme gestützt auf physiologische Gesetze. Eine Anweisung zum Selbstunterricht in der Uebung und dem richtigen Gebrauche der Sprach- und Gesangsorgane*, Leipzig 1867.

Häser, August Ferdinand: *Versuch einer systematischen Uebersicht der Gesangslehre*, Leipzig 1822.

Hey, Julius: *Deutscher Gesangs-Unterricht. Lehrbuch des sprachlichen und gesanglichen Vortrags. Sprachlicher Teil*, Mainz 1885.

Knust, Martin: *Sprachvertonung und Gestik in den Werken Richard Wagners. Einflüsse zeitgenössischer Rezitations- und Deklamationspraxis*, Berlin 2007.

Lamperti, Giovanni Battista: *The Technics of Bel Canto. Übersetzt aus dem Deutschen von Dr. Th. Baker*, New York 1905.

Lehmann, Lilli: *Meine Gesangskunst*, Berlin 1902.

Liskovius, Karl Friedrich Salomon: *Theorie der Stimme*, Leipzig 1814.

Liszt, Franz: *Ges. Schriften Bd. 2: Reisebriefe*, Leipzig 1881.

Mannstein, Heinrich Ferdinand: *Geschichte, Geist und Ausübungen des Gesagnes von Gregor dem Großen bis auf unsere Zeit*, Leipzig 1845.

Mannstein, Heinrich Ferdinand: *Die grosse italienische Gesangschule nebst praktischen Uebungstücken, klassischen, bisher ungedruckten Singübungen von Meistern aus derselbsen Schule, und Arien für den Unterricht*, Dresden/Leipzig 1848.

Marx, Adolph Bernhard: *Die Kunst des Gesanges. Theoretisch-praktisch*, Berlin 1826.

Mengozzi, Bernardo u.a.: *Gesanglehre des Conservatoriums der Musik in Paris*, Leipzig 1804.

Mungen, Anno: »In einer selbstgeschaffenen Manier«. Die Stimme der Wagnersängerin Wilhelmine Schröder-Devrient am Beispiel Adriano in *Rienzi*«, in: *Richard Wagner: Persönlichkeit, Werk, Wirkung*, hrsg. von Helmut Loos, Leipzig 2013, S. 323–330 (=*Leipziger Beiträge zur Wagner-Forschung: Sonderband*).

Nägeli, Horst: *Gesangsbildungslehre nach Pestalozzischen Grundsätzen*, Zürich/Stuttgart u.a. 1810.

Schulze, Hagen: *Kleine deutsche Geschichte*, München 1998.

Seedorf, Thomas: »Deklamation und Gesangswohllaut: Richard Wagner und der deutsche bel canto«, in: »*Mit mehr Bewusstsein zu spielen«. Vierzehn Beiträge (nicht nur) über Richard Wagner*, hrsg. von Christa Jost und Rosamund Bartlett, Tutzing 2006, S. 207–221.

Sieber, Ferdinand: *Vollständiges Lehrbuch der Gesangskunst zum Gebrauche für Lehrer und Schüler des Sologesanges*, Magdeburg 1858.

Stauss, Sebastian: »Wagner und Belcanto«, in: *Wagnerspectrum. Schwerpunkt: Wagner und Italien*, hrsg. von Udo Bermbach, Würzburg 2010, S. 81–98.

Tappert, Wilhelm: *Wagner-Lexicon. Ein Wörterbuch der Unhöflichkeit enthaltend grobe, höhnende, gehässige und verläumderische Ausdrücke welche gegen den Meister Richard Wagner seine Werke und seine Anhänger von den Feinden und Spöttern gebraucht worden sind. Zur Gemüths-Ergötzung in müssigen Stunden*, Leipzig 1877.

Theobald, Tina: *Presse und Sprache im 19. Jahrhundert. Eine Rekonstruktion des zeitgenössischen Diskurses*, Berlin 2012.

Wagner, Richard: *Sämtliche Schriften und Dichtungen. Volks-Ausgabe. Bd. 12*, Leipzig 1911.

Wieck, Friedrich: *Clavier und Gesang. Didaktisches und Polemisches*, Leipzig 1853.

Karin Martensen:
Wagner-Gesang: Diskurse, technische Ästhetik und ihre biografischen Folgen[1]

Einleitung

Richard Wagner richtete sich bei der Auswahl seiner Heldentenöre, ja überhaupt bei seinen Wünschen und Vorstellungen zur Stimme bekanntlich nicht nach dem Stimmideal seiner Zeit. Da zudem seine Anweisungen in schriftlichen Äußerungen und seine Probenpraktik nur diffus zu nennen ist und eine Stimmbildungsschule nicht eingerichtet wurde,[2] stellte sich zu seinen Lebzeiten und danach für Sänger und Sängerinnen die Frage, wie man es denn richtig machen soll mit dem Wagner-Gesang. Hinzukam, dass jeder Akteur auf der Bühne von den Methoden und Diskursen zum Gesang seiner Zeit geprägt wurde und wird. Tatsächlich ging es (und geht es bis heute) nicht nur um das Singen selbst, sondern auch (wenn nicht vor allem) um verschiedene, sich widersprechende und sich entwickelnde Diskurse zur Gesangspädagogik und -ästhetik. Die »Crux mit dem Wagnergesang« (so hat dies Stephan Mösch in seiner Habilitationsschrift treffend formuliert[3]) ist daher vor allem eine solche der Herausbildung neuer Stimmcharaktere. Und es ging um die Herausbildung eines Soundideals, das sich – so meine These – auch an den aktuellen technischen Möglichkeiten der Tonaufnahme ausrichtete. Diese prägte als weiterer Akteur das sängerische Geschehen ganz wesentlich mit. Oder anders gesagt:

> »Wer auf der Bühne wie singt, ist – über die Spezifika von Stück und Stimme hinaus – in hohem Maße geprägt von Selbstverständnis und Schulung des Sängers. Vor allem ist Singen ein kommunikativer Akt, der Prozesse der Produktion und Rezeption gleichermaßen einschließt.«[4]

Nachstehend sollen daher zum einen am Beispiel von drei Sängerinnen aus zweieinhalb Generationen Strategien vorgestellt werden, wie man mit diesen Schwierigkeiten umgehen könnte und welche Diskurse sich an diesen Beispielen festmachen lassen. Zum anderen soll gefragt werden, welche Gegebenheiten darüber hinaus auf die Veränderungen des

---

[1] Dieser Aufsatz basiert auf meinem Vortrag an der KUG am 30.9.2016; er wurde für die Publikation angepasst und erweitert.
[2] Vgl. dazu Stephan Mösch, *Weihe, Werkstatt, Wirklichkeit. Wagners Parsifal in Bayreuth 1882–1933*, Kassel 2009, S. 15 und S. 169.
[3] Ebd., S. 161.
[4] Stephan Mösch, »Singendes Sprechen, sprechendes Singen. Aspekte des Wagner-Gesangs um 1900«, in: *Wagnerspectrum*, Schwerpunkt Gesang, 2012, S. 9–29, hier S. 10.

(Wagner-)Gesangs Einfluss nahmen, wobei sich ein besonderes Augenmerk auf die Tonaufnahme und die aus ihrem Gebrauch entstehende und in ihren Gebrauch einfließende Ästhetik richten wird.

Artifizialität versus Natürlichkeit:
Wilhelmine Schröder-Devrient (1804–1860)

Wilhelmine Schröder-Devrient wurde bewusst als erstes Beispiel ausgewählt, obwohl sie bereits 1860 verstarb und daher mit der heraufdämmernden Ära der Tonaufnahme nichts mehr zu tun hatte. Es lässt sich aber an ihrem Beispiel zeigen, dass die Auffassungen über ihr sängerisches Vermögen geprägt waren von Topoi bzw. von Diskursen, die von großer Wirkmächtigkeit im Hinblick auf dramatischen Gesang waren. Und bemerkenswerterweise finden sich einige dieser Topoi später in den Diskussionen um die Tonaufnahme wieder. Das dürfte kein Zufall sein.

Freilich war Schröder-Devrient in Bezug auf die Topoi zur Gesangsstimme kein Ausnahmefall. Im Gegenteil konnte Anke Charton in ihrer Dissertation zeigen, wie flexibel die Verhältnisse zwischen Stimme, Körper und Geschlecht bereits in der frühen Oper bis hin zu Bellini waren: Operngesang konstruierte und dekonstruierte in immer wieder anderer Weise »Geschlechterbilder«.[5] Wilhelmine Schröder-Devrient galt als Inbegriff der dramatischen Sängerin, wobei – wie Rebecca Grotjahn herausgearbeitet hat[6] – diese Formulierung nicht mit der späteren Fachbezeichnung »dramatischer Sopran« gleichgesetzt werden darf, die sich vor allem auf bestimmte stimmliche Eigenschaften bezieht. Vielmehr zielte der Begriff zunächst auf die besondere dramatische Darstellungsfähigkeit der Künstlerin. Schon in den Kritiken zu ihrem Operndebüt – 1821 als Pamina in Wien – war die schauspielerische Leistung Schröder-Devrients besonders hervorgehoben worden. In einer zeitgenössischen Kritik heißt es, das in ihrem Gesang das »vollkommen[e] Bild der zartesten Weiblichkeit«, der gemütvolle Vortrag«, das »Anschmiegen an die Ideen des Schöpfers« unter Verzicht auf »fremde Zuthat« zu finden sei. Zudem zeichne sich die Künstlerin durch ihre »reizende Stimme«, die »sicherste Intonation« und ihren »schmelzende[n] Zauberton« auch gesanglich aus.[7] Damit sind die

---

[5] Anke Charton, *prima donna – primo uomo – musico. Körper und Stimme: Geschlechterbilder in der Oper* (*Leipziger Beiträge zur Theatergeschichtsforschung 4*), Leipzig 2012.

[6] »Aus ihrer innersten Seele hervorgeklungen: Wilhelmine Schröder-Devrient, Robert Schumann und der poetische Liedgesang«, in: *Komponieren für Stimme*, hrsg. von Stephan Mösch, Kassel (Druck i. V.). Ich danke Rebecca Grotjahn herzlich für die Überlassung des Manuskripts.

[7] in: *AMZ* 23 (1821), H. 9 vom 28. Februar 1821, Sp. 145 (zit. nach Grotjahn, ebd.).

wichtigsten Merkmale versammelt, die in dieser Zeit den dramatischen Gesang ausmachen und dem Koloraturgesang gegenübergestellt wurden.

Tatsächlich lässt sich feststellen – und auch hier folge ich weiter den Forschungen Grotjahns[8] –, dass ab etwa 1830 unter maßgeblicher Mitwirkung Schröder-Devrients die Aufspaltung der Sopran-Stimmfächer beginnt, die im Laufe des folgenden halben Jahrhunderts allmählich durchgesetzt und institutionalisiert wurde.[9] Diese beiden Sopran-Typen repräsentieren unterschiedliche Weiblichkeiten: Der Koloratursopran wurde nach und nach zur »Domäne hoher, leichter Frauenstimmen«[10] und mit weiblich konnotierten und negativ gewerteten Eigenschaften wie Eitelkeit, Luxussucht, Geldgier und unkontrollierbarer sexueller Anziehungskraft verbunden. Dies hat wiederum seinen Nährboden in der Starkultur der Zeit, die fast ausschließlich von weiblichen Gesangsstars getragen war.[11] Mit dem dramatischen Sopran hingegen wurde ein »Singen mit der Seele« verbunden, ferner eine radikale Entkörperlichung des Singens und das vollständige Aufgehen in der Rolle. All dies findet sich in Wagners berühmter Aussage über Wilhelmine Schröder-Devrient:

> »Sie hatte gar keine ›Stimme‹: aber sie wußte so schön mit dem Atem umzugehen und eine wahrhaftige weibliche Seele durch ihn so wundervoll tönend ausströmen zu lassen, daß man dabei weder an Singen noch an Stimme dachte!«[12]

Die Weiblichkeit der dramatischen Sängerin ist demnach eine positive Weiblichkeit, die den abgewerteten weiblichen Eigenschaften der Koloratursängerin gegenüber gestellt wird. Ergänzt sei, dass die Selbstentäußerung des Sängers bzw. der Sängerin, die Susanne Vill als »quasi über-

---

[8] Grotjahn, ebd.
[9] Vgl. Thomas Seedorf, »Singen: Historische Aspekte«, in: *Gesang*, hrsg. von Thomas Seedorf, Kassel 2001, S. 31–86; Seedorf, »Singen: Stimmengattungen«, in: Ebd., S. 87–108; *Rheinische Sängerinnen des 20. Jahrhunderts. Eine Dokumentation in Wort und Ton (Beiträge zur rheinischen Musikgeschichte 164)*, hrsg. von Thomas Synofzik, Susanne Rode-Breymann, Berlin/Kassel 2003.
[10] Seedorf, »Singen: Historische Aspekte«, S. 70 (zit. nach Grotjahn, ebd.).
[11] Vgl. Grotjahn, »The most popular woman in the world – die Diva und die Anfänge des Starwesens im 19. Jahrhundert«, in: *Diva. Die Inszenierung der übermenschlichen Frau*, hrsg. von Rebecca Grotjahn, Dörte Schmidt, Thomas Seedorf, Schliengen 2011 (Forum Musikwissenschaft 7), S. 74–97.
[12] Richard Wagner, »Über Schauspieler und Sänger« (1872), in: *Richard Wagner. Dichtungen und Schriften*, hrsg. von Dieter Borchmeyer, Frankfurt am Main 1983, Bd. 9, S. 183–263, hier S. 253f. (zit. nach Grotjahn, »Aus ihrer innersten Seele hervorgeklungen«).

persönliche Phonation«[13] beschreibt, von Wagner später in quasireligiöse Sphären gerückt wurde. Schröder-Devrient war damit auch der perfekte Ausdruck seines kunstreligiösen Wollens.[14]
Bekanntlich wurde Wagner durch Schröder-Devrients dramatische Gesangskunst maßgeblich inspiriert. Für sie komponierte er die Hauptrollen in *Rienzi*, *Der fliegende Holländer* und in *Tannhäuser*. Sie war es, die – so schreibt Wagner – »meinem künstlerischen Gefühle plötzlich eine neue und für das ganze Leben entscheidende Richtung gab.« In seiner Autobiografie schreibt Wagner, er habe Wilhelmine Schröder-Devrient in Beethovens *Fidelio* erlebt:

> »Wenn ich auf mein ganzes Leben zurückblicke, finde ich kaum ein Ereignis, welches ich diesem einen in betreff seiner Einwirkung auf mich an die Seite stellen könnte. Wer sich der wunderbaren Frau aus dieser Periode ihres Lebens erinnert, muß in irgendeiner Weise die fast dämonische Wärme bezeugen können, welche die so menschlich-ekstatische Leistung dieser unvergleichlichen Künstlerin notwendig über ihn ausströmte.«[15]

Zwar scheint es, dass Wagner sich irrte (oder das Ereignis absichtlich als solches konstruierte) und die Künstlerin tatsächlich nicht in *Fidelio*, sondern in Bellinis *I Capuleti e i Montecchi* erlebte.[16] Aber gleichviel: Wilhelmine Schröder-Devrients Auftritt war in jedem Fall für die weitere Laufbahn des Komponisten von größter Bedeutung. Interessant ist auch, dass der Gesangsstil Schröder-Devrients bereits zu ihren Lebzeiten politisch vereinnahmt wurde. Bei Rahel Varnhagen etwa kann man 1834 folgendes lesen:

> »Mad[ame] Devrient singt nicht in italiänischer Art [...], sondern – nun kommt ihr wahrer Ruhm – sie singt zuweilen beim höchsten Ausdruck

---

[13] Susanne Vill, »Vom Heldentenor zur Powervoice – Aspekte des Wagner-Gesangs im Spektrum der gegenwärtigen Musikkultur«, in: *Richard Wagner: Persönlichkeit, Werk und Wirkung*, hrsg. von Helmut Loos, Beucha 2013, S. 331–336, hier S. 333.
[14] Vgl. dazu etwa: Anno Mungen, »In einer selbstgeschaffenen Manier. Die Stimme der Wagnersängerin Wilhelmine Schröder-Devrient (1804–1860) am Beispiel Adriano in Rienzi«, in: *Richard Wagner: Persönlichkeit, Werk und Wirkung*, S. 323ff.
[15] Richard Wagner, *Mein Leben*, hrsg. von Martin Gregor-Dellin, Taschenbuchausgabe, München 1983, S. 44 (zit. nach Grotjahn, »Gar keine Stimme? Wilhelmine Schröder-Devrient, Wagner und das Singen«, in: *Bühnenkünstlerinnen des 19. Jahrhunderts*, hrsg. von Nicole K. Strohmann, Antje Tumat, Hannover (Druck i. V.); ich danke Rebecca Grotjahn herzlich auch für die Überlassung dieses Manuskripts).
[16] Vgl. *Richard Wagner Dokumentarbiographie*, bearbeitet von Egon Voss, Wien und München 1982, S. 9 und S. 506.

einer selbstgeschaffenen Manier; und diese gerade möchte ich eine deutsche nennen.«[17]

Wie man singen soll und wie man Wagner richtig singen soll, wird hier also auf der Grundlage von ästhetischen, religiösen, politischen und von Gender-Diskursen verhandelt. Maßgeblich – und darauf kommt es mir hier an – war nicht die gesangstechnische Ausbildung als solche, die für das richtige Singen verantwortlich gemacht wird. Maßgeblich war, dass es eben nicht auf Technik, sondern auf Menschlichkeit und Seele ankommen sollte. Somit wird hier eine sehr folgenreiche Dichotomie zwischen Artifizialität und Natürlichkeit aufgemacht. Sehr deutlich wird hier, dass es sich bei diesen Begrifflichkeiten nicht um Beschreibungen handelt, wie Schröder-Devrient »wirklich« gesungen habe, sondern um Diskursbegriffe, die entsprechend kontextualisiert werden müssen und nicht etwa als Wahrheiten aufgefasst werden dürfen.

Und vielleicht liegt in der Betonung von Menschlichkeit, Natürlichkeit und Seele für den schönen und richtigen Gesang auch schon der Keim dafür, dass der »kalten Technik« der Tonaufnahme später so viel Misstrauen entgegen schlug[18] und dass der Einfluss von Technik auf das klingende Ergebnis bis heute gern kleingeredet wird.

Zwar wurden zahlreiche Studien zum Einfluss der Tonaufnahme auf das klangliche Ergebnis sowohl von technischer als auch von musikwissenschaftlicher Seite bereits vorgelegt.[19] Doch kommt etwa Hans-

---

[17] Rahel Varnhagen, »Rahel. Ein Buch des Andenkens für ihre Freunde, Dritter Theil«, Berlin 1834, in: dies., *Gesammelte Werke*, hrsg. von Konrad Feilchenfeld u. a., München 1983, S. 476–477 (zit. nach Mungen, »In einer selbstgeschaffenen Manier«, S. 325).

[18] Vgl. zum Natürlichkeitsdiskurs etwa Elisabeth Kemper, *Realisierbarkeit und Beurteilung ästhetischer Klangkonzepte bei klassischen Musikaufnahmen*, Erich-Thienhaus-Institut, Detmold 2006/07, S. 7f. Vgl. zur Debatte der Naturtreue auch Hans-Peter Reinecke, »Das Ideal des naturgetreuen Klangbildes – ein psychologisches Problem«, in: *Bericht über die 8. Tonmeistertagung Hamburg 1969*, hrsg. von der Pressestelle des Westdeutschen Rundfunks, S. 85–88; Bernhard Rzehulka, »Abbild oder produktive Distanz? Versuch über ästhetische Bedingungen der Schallplatte«, in: *Gehörgänge. Zur Ästhetik der musikalischen Aufführung und ihrer technischen Reproduktion*, hrsg. von Matthias Fischer, Dietmar Holland, Bernhard Rzehulka: München 1986, S. 85–114; Jochen Stolla, *Abbild und Autonomie – Zur Klangbildgestaltung bei Aufnahmen klassischer Musik 1950–1994*, Marburg 2004.

[19] Vgl. zum Beispiel: Hans Joachim Maempel, »Technologie und Transformation. Aspekte des Umgangs mit Musikproduktions- und Übertragungstechnik«, in: *Handbuch der systematischen Musikwissenschaft*, Band 4, Laaber 2007, S. 160–180; Peter Wicke, »Der Tonträger als Medium der Musik«, in: *Handbuch Musik und Medien*, hrsg. von Holger Schramm, Konstanz 2009, S. 49–87; Martin Elste, »Von der Partiturwissenschaft zu einer Klangwissenschaft: Überlegungen zur Schallplattenforschung«, in: *Jahrbuch des*

Joachim Maempel zu dem Schluss, dass »der Prozess der medialen Umsetzung von Musik bislang kaum wissenschaftlich untersucht worden« sei.[20] Andrew Hallifax, Tonmeister von Beruf[21], formuliert sogar: »Yet while the influences that affect musicians are increasingly subject to musicological investigation those of the engineer are not«, zumindest »outside the German Tonmeister tradition«.[22]

Dramatischer Ausdruck durch Stimme, Körper und Geste: Anna Bahr-Mildenburg (1872–1947)

Die Tonaufnahme selbst kommt erst um 1900 richtig ins Spiel. Anna Bahr-Mildenburg hat im Jahre 1904 eine Aufnahme des Rezitativs zur »Ozean-Arie« aus dem *Oberon* von Carl Maria von Weber gemacht. Diese Aufnahme existiert in drei unterschiedlichen Fassungen, wobei sich die Unterschiede im Klangbild aus den unterschiedlichen Überspielungs- bzw. Restaurierungstechniken erklären. Diese Einspielung wurde zum einen bei Marston Records unter dem Titel *Mahler's decade in Vienna. Singers of the Court Opera 1897–1907* herausgegeben,[23] ferner erschien sie bei Symposium Records als CD Nr. 1314 unter dem Titel *Vienna – The Mahler Years 1897–1905*.[24] Darüber hinaus hat sich wohl auch der Verlag C&T (Grammophone & Typewriter) der genannten Aufnahme Anna Bahr-Mildenburgs angenommen. Eine Freundin der

---

Staatlichen Instituts für Musikforschung Preussischer Kulturbesitz 1983/84, Kassel 1987, S. 115–144. Vgl. für die deutschsprachige Wissenschaft auch die Diplomarbeit der Tonmeisterin Elisabeth Kemper (Realisierbarkeit und Beurteilung ästhetischer Klangkonzepte bei klassischen Musikaufnahmen). Sie merkt interessanterweise auch an, dass es in der wissenschaftlichen Literatur und auch in der empirischen Forschung äußerst wenig Überlegungen zu einer Klangästhetik von Tonträgern gebe (ebd., S. 6). Für die englischsprachige Musikwissenschaft siehe zum Beispiel: David N. Patmore, Eric F. Clarke, »Making and hearing virtual worlds: John Culshaw and the art of record production«, in: *Musicae Scientiae*, Herbst 2007, Vol XI, n° 2, S. 269–293; Michael Chanan, *Repeated Takes. A Short History of Recording and its Effects on Music*, London 1995; Colin Symes, *Setting the Record Straight*, Connecticut 2004; Mark Katz, *Capturing Sound. How Technology Changed Music*, Berkeley 2004; Renee Timmers, »Perception of music performance on historical and modern commercial recordings«, in: *JASA* 122 (2007), S. 2872–2880.

[20] Maempel, »Technologie und Transformation«, S. 161.

[21] Vgl. sein Eintrag bei http://www.charm.rhul.ac.uk/about/staff/p5_14.html; 30.6.2016.

[22] Hallifax, *The engineer as stylist*. Für die »german Tonmeister tradition« stehen etwa die Überlegungen von Maempel und Kemper, siehe dazu die Fußnoten oben.

[23] Vgl. http://www.marstonrecords.com/search?q=Mahler (5.10.2016); diese Aufnahme ist auch bei Amazon erhältlich: http://www.amazon.com/Vienna-Mahler-1897-1907-Adolphe-Adam/dp/B0001IW4LE; 5.10.2016.

[24] Vgl. http://symposiumrecords.co.uk/pls/dad_generic/sym_cddets?p_cdnos =1341.

Künstlerin berichtete außerdem, dass es »Platten von Annas Walküre« geben müsse; diese sind aber wohl nie in den Handel gelangt.[25]

Für den Beginn der Spielzeit 1895, also mit knapp 23 Jahren, war Bahr-Mildenburg als hochdramatischer Sopran an das Hamburger Stadttheater (heutige Staatsoper) verpflichtet worden. Hier debütierte sie mit großem Erfolg im September 1895 als Brünnhilde in Wagners *Walküre*. Bereits 1897 gastierte sie zum ersten Mal als Kundry in Bayreuth. Ein Jahr später wurde sie auf Vermittlung Gustav Mahlers als Ensemblemitglied an die Wiener Hofoper verpflichtet. Dort trat sie als Ortrud erstmals auf und feierte ihr Rollendebüt als Isolde am 13. Februar 1900. Künstlerische Erfolge in der Spielzeit 1904/05 waren die Mitwirkung in Beethovens *Fidelio* sowie in der Neuinszenierung des *Ring des Nibelungen*, die Gustav Mahler in Zusammenarbeit mit Alfred Roller vorbereitet hatte. Nach dem Weggang Mahlers von der Wiener Bühne Ende 1907 gehörte die Darstellung der Klytämnestra in der *Elektra* von Richard Strauss zu Anna Bahr-Mildenburgs herausragendsten künstlerischen Erfolgen.

Am 24. März 1909 trat sie in dieser Rolle erstmals auf, 1916 verabschiedete sie sich mit ihr von der Bühne der Wiener Staatsoper. Mit dieser Partie nahm sie 1931 bei den Augsburger Opernfestspielen dann auch ihren endgültigen Abschied vom öffentlichen Bühnenleben.[26]

Anna Bahr-Mildenburg steht beispielhaft für einen neuen Entwicklungsschub in Bezug auf den Stimmcharakter, wonach etwa ab der Jahrhundertwende dramatischer Ausdruck mit der Stimme, aber vor allem auch mit Körper und Geste hervorgebracht werden sollte. Hiervon zeugen zum einen ihre Regiebücher, die sie u.a. zum *Ring des Nibelungen*[27], zu *Parsifal*[28] und zu *Tristan und Isolde*[29] entwickelte, von denen

---

[25] Vgl. Franz Willnauer, Gustav Mahler: »*Mein lieber Trotzkopf, meine süße Mohnblume«. Briefe an Anna von Mildenburg*, Wien 2006, S. 468. Ein Hinweis auf diese »Platten« findet sich in der Einführung zu der genannten CD *Mahlers Decade in Vienna*: »She made two recordings for G&T but rejected them and only one survives in three copies.«(http://www.marstonrecords.com/mahler/ mahler_liner.htm; 2.6.2012). Der Einzige, der nach meiner Kenntnis umfangreiche Recherchen zu diesen Aufnahmen unternommen hat, ist Christopher Kuner (»The Recording(s) of Anna Bahr-Mildenburg«, in: *The Record Collector*, Vol. 56 Nr. 4 [Dezember 2011], S. 290–302).

[26] Vgl. zu diesen biografischen Angaben Willnauer, »*Mein lieber Trotzkopf, meine süße Mohnblume«*, S. 419ff.

[27] Vgl. dazu: Karin Martensen, *Die Frau führt Regie. Anna Bahr-Mildenburg als Regisseurin des Ring des Nibelungen. Mit einem Anhang: Regiebücher zu Walküre, Siegfried und Götterdämmerung*, hrsg. von Rebecca Grotjahn), München 2013 (= *Beiträge zur Kulturgeschichte der Musik, Bd. 7*).

[28] Anna Bahr-Mildenburg, *Parsifal. Regiebuch*, undatiert, unveröffentlichtes Manuskript, Österreichisches Theatermuseum, Wien; Anna Bahr-Mildenburg, *Aus meiner »Parsifal-*

allerdings nur letztgenanntes im Druck erschien.[30] Dass sie zum anderen auch stimmlich eine Ausnahmeerscheinung war,[31] ergibt sich etwa aus den Schilderungen der Künstlerin bei ihrem Debüt 1895 in Hamburg. Über ihr Zusammentreffen mit dem dortigen Intendanten Bernhard Pollini berichtet sie in ihren Erinnerungen Folgendes:

> »Alles wartete auf mein ›Hojotoho‹. Pollini hatte mich zum Wundertier hinauf renommiert, und ich wurde von den Theaterleuten entsprechend süß-sauer behandelt. Mir war wenig wohl bei der Sache, denn es schien mir doch nicht recht glaublich, dass so ein ›Hojotoho‹ derart entscheidend sein sollte. Als ich zu Pollini von meinen Bedenken sprach, wurde er ärgerlich: ›Wenn man so eine Stimme hat, ist das alles Nebensache! Ausdruck, Spiel! Komm mir nicht mit solchen Überspanntheiten.‹«[32]

Freilich ist bei diesen Äußerungen zu bedenken, dass sie sich auf Bahr-Mildenburgs Anfangszeit als Sängerin am Hamburgischen Stadttheater im Jahr 1895 beziehen, während die Erinnerungen der Sängerin erst im Jahr 1921 erschienen. Es darf daher angenommen werden, dass die Aussagen der Künstlerin auch der Selbststilisierung dienten, um sich selbst als eine Sängerin der neuen Schule darzustellen, in der es – neben einer schönen Stimme – vor allem auf Ausdruck und Spiel auf der Bühne ankam.

Freilich war die »Dramatisierung des Singens« keine Primärintention[33], sondern sie ist auf gewandelte ästhetische Überzeugungen in Bezug auf die Stimme zurückzuführen, auf die »Verschiebung andere Parameter (wie der Orchesterbehandlung und dem Verhältnis zwischen Musik und Text, das durch die Möglichkeiten musikalischer Prosa symbiotischer geworden war«[34], und ferner auf die große Bedeutung, die dem

---

Bearbeitung. Szene Parsifal-Kundry«, Regiebuch, undatiert, unveröffentlichtes Manuskript, Österreichische Nationalbibliothek, Musiksammlung, Archiv Eleonore Vondenhoff.
[29] Anna Bahr-Mildenburg, *Tristan und Isolde. Darstellung des Werkes aus dem Geiste der Dichtung und Musik*, Leipzig/Wien, 1936.
[30] Vgl. zum Ganzen: Karin Martensen, Art. »Anna Bahr-Mildenburg«, in: *MUGI. Musikvermittlung und Genderforschung: Lexikon und multimediale Präsentationen*, hrsg. von Beatrix Borchard, Nina Noeske, Hochschule für Musik und Theater Hamburg, 2003ff. (http://mugi.hfmt-hamburg.de/artikel/Anna_Bahr-Mildenburg; 5.10.2016). Laut einer Verlagsankündigung war der Druck der übrigen genannten Regiebücher aber geplant.
[31] Vgl. hierzu: Karin Martensen, »Die Isolde einer ganzen Generation: Anna Bahr-Mildenburg«, in: *Wagnerspectrum. Schwerpunkt: Wagner und die bildende Kunst*, Heft 2/2014, S. 233–262.
[32] Anna Bahr-Mildenburg, *Erinnerungen*, Wien 1921, S. 14 f.
[33] Seedorf, Art. »Singen«, in: *MGG2*, Sachteil 8, Sp. 1455 bzw. 1456.
[34] Mösch, *Weihe, Werkstatt, Wirklichkeit*, S. 163.

Körper etwa seit der Jahrhundertwende mehr und mehr zukam. Ja man kann sagen: im Schnittpunkt des anthropologischen Interesses und seiner diesbezüglichen Diskurse der Jahrhundertwende stand der Leib.[35] Dementsprechend sollte dramatischer Ausdruck jetzt nicht mehr vordringlich mit den dramatischen Möglichkeiten der eigenen Stimme erzielt werden, sondern mit dem eigenen Körper.

Zugleich betrat ein weiterer Akteur die Bühne des Gesangs: die Tonaufnahme. Nachdem erste Versuche, Klang aufzuzeichnen, von verschiedenen Personen bereits seit etwa den 1870er-Jahren unternommen worden waren, darf man wohl das Jahr 1902 als eines der wichtigsten in dieser Ära bezeichnen. In diesem Jahr wurden unter Leitung von Fred Gaisberg, einem Angestellten von Emil Berliner, die ersten Tonaufnahmen mit Enrico Caruso gemacht.

Sie verkauften sich in der Folgezeit wie rasend und machten Caruso und seine Plattenfirma zu Millionären.[36]

Von nun an hatten die Sängerinnen und Sänger nicht nur die Möglichkeit, sich selbst zu hören, sondern sie konnten auch außerhalb des Konzertsaales von anderen gehört und stimmlich eingeschätzt werden. Für Caruso war dies ein Glücksfall: durch die weite Verbreitung seiner Tonaufnahmen erfuhr er eine enorme Popularität und wurde nicht zuletzt aufgrund dieser Aufnahmen an die Metropolitan Opera in New York verpflichtet.[37] Offensichtlich war Heinrich Conried, der Direktor der MET, der Ansicht, dass er auf der Platte Carusos Stimme so hören

---

[35] Stefan Pegatzky, *Das poröse Ich. Leiblichkeit und Ästhetik von Arthur Schopenhauer bis Thomas Mann*, Würzburg 2002, S. 186. Pegatzky weist ferner darauf hin, dass Wagner zahllose Sachverhalte durch die Metaphorik des Leibes veranschaulicht habe (vgl. ebd., S. 186, FN 420).

[36] 1906 wurden allein in Deutschland nicht weniger als 250.000 Grammophone und 1,5 Millionen Schallplatten verkauft (vgl. Jochen Hörisch, »Phono-Techniken«, in: *Stimm-Welten. Philosophische, medientheoretische und ästhetische Perspektiven*, hrsg. von Doris Kolesch, Vito Pinto, Jenny Schrödl, Bielefeld 2008, S. 99–114, hier S. 104). Vgl. dazu auch die von Peter Martland genannten Verkaufszahlen und Gewinnmargen zur britischen Recording Industry (*Recording History. The British Record Industry 1888–1931*, Lanham et al. 2013). Instruktiv sind außerdem die in der Dissertation aus dem Jahr 1925 von Rolf Krebs vorgelegten Zahlen: danach wurden etwa im Jahr 1923 12.289 »Sprechapparate« aus Deutschland nach Mexiko exportiert (*Die Phonographische Industrie in Deutschland unter besonderer Berücksichtigung ihres Exports*, Dissertation, Universität Greifswald 1925, S. 84).

[37] Vgl. Seedorf, Art. »Caruso, Enrico [Errico Caruso]«, in: *Lexikon der Gesangsstimme. Geschichte, wissenschaftliche Grundlagen, Gesangstechniken, Interpreten*, Laaber 2016, S. 117–121. Read und Welch meinen sogar, dass die Verpflichtung Carusos an die MET ausschließlich aufgrund der Tonaufnahmen zustande gekommen sei (vgl. Oliver Read, Walter L. Welch, *From Tinfoil to Stereo. Evolution of the phonograph*, New York 1976, S. 143).

könne, wie sie auf der Opernbühne auch klingen würde, dass tatsächlicher Stimmklang und Plattenaufnahme also dasselbe seien.

Diese Auffassung kam aber natürlich weder aus der »leeren Luft« noch stand Conried mit der genannten Auffassung allein da. Sie wurde vielmehr von den Werbemanagern der Plattenfirmen gezielt hervorgerufen. So sieht man beispielsweise in einer Werbeanzeige der Plattenfirma Victor Records Talking Machine aus dem Jahr 1915 ein Bild Carusos, das ihn als Radames in Verdis *Aida* zeigt, und eine Abbildung der entsprechenden Schallplatteneinspielung. »Both are Caruso«, versichert die Überschrift, und weiter heißt es:

> »[...] When you hear Caruso on the Victrola in your own home, you hear him just als truly as if you were listening to him in the Metropolitain Opera House.«[38]

Es wird hier also eine Gleichsetzung von »echter« Stimme und Tonaufnahme vorgenommen. Dass und inwieweit ein Einfluss von Technik und Technikern auf das klingende Ergebnis, also die Aufnahme vorliegt, wird hierdurch beiseite geschoben, ja geradezu negiert. – Dass Tonaufnahme das Denken über Singen und über Sänger ganz wesentlich prägt, kann man bereits hieran ganz eindrücklich zeigen.

Abbildung 1: Caruso als Radames in Aida und die bei Victor eingespielte Schallplatte.

Es ließen sich anhand von Tonaufnahmen nunmehr vielerlei Diskurse aufmachen, etwa über die »Echtheit« bzw. die »Natürlichkeit« der Singstimme (womit man auch einen Bogen zurück zu dem zu Wilhelmine Schröder-Devrient Gesagten schlagen könnte) oder über die sogenannte »High Fidelity«.[39] Das würde den Rahmen dieses Aufsatzes

---

[38] Quelle: http://www.amazon.com/1915-Victor-Records-Talking Machine/dp/B00I0DQSRS; 29.11.2015.

[39] Vgl. zu diesen Diskursen etwa Hans-Peter Reinecke, »Musik im Original und als Reproduktion«, in: *Kommunikationstechnik 77* [1978], S. 140–151; Kemper, *Realisierbarkeit und Beurteilung ästhetischer Klangkonzepte bei klassischen Musikaufnahmen*; Hans-Joachim Maempel, »Technologie und Transformation«; Hallifax, *The engineer as stylist*.

jedoch sprengen. Daher soll es nachfolgend nur um einen einzigen Diskurs gehen, und damit komme ich auch wieder auf Anna Bahr-Mildenburg zurück. Gustav Mahler nämlich, der eine Zeitlang Bahr-Mildenburgs »Lebensabschnittsgefährte« war – wie man heute sagen würde –, hatte einen Aufenthalt in Bayreuth im Sommer 1896 dazu genutzt, Cosima Wagner für die junge Sängerin zu interessieren.[40] Ende Oktober kam die »Herrin von Bayreuth« auf diese Angelegenheit zurück und bat um weitere Auskünfte. Mahler schrieb daraufhin am 24. Oktober 1896 das Folgende:

> »Fräulein von Mildenburg berechtigt allerdings zu den höchsten Erwartungen. Ihre Stimme ist ein in allen Lagen ausgeglichener Sopran von seltener Schönheit und Kraft; [...]«.[41]

Mit dem Hinweis auf einen »in allen Lagen ausgeglichenen Sopran« spielt Mahler auf einen Diskurs an, der den sogenannten Registerausgleich der Singstimme betrifft. Es geht dabei um die Vermeidung des Registerbruchs, also der Tatsache, dass der Sänger nicht weich von einem Register in das andere wechselt, sondern dass es einen hörbaren Übergang gibt, entweder mit Überlappung im Stimmumfang oder mit einer Lücke. Es ist dagegen das Ideal des europäischen Kunstgesanges, die Registerübergänge zu »verblenden« und nicht wahrnehmbar zu machen oder Brüche allenfalls als besonderes Ausdrucksmittel zuzulassen.[42]

In der schon genannten, einzigen Tonaufnahme Anna Bahr-Mildenburgs aus dem Jahr 1905 jedoch kann von einem weichen Registerübergang keine Rede sein. Das mag auch daran liegen, dass die unteren Töne für die Sängerin vielleicht ein bisschen tief liegen, so dass sie Mühe hatte, sie sauber zu treffen. Und natürlich ist diese Tonaufnahme sicher nur ein ganz kleiner Ausschnitt aus ihren sängerischen Leistun-

---

[40] Vgl. Willnauer, »Mein lieber Trotzkopf«, S. 137ff., insbes. S. 139.
[41] Gustav Mahler an Cosima Wagner, Brief vom 24. Oktober 1896; Quelle: Willnauer, »*Warum hast Du mich blind gemacht?« Gustav Mahlers Beziehung zu Anna von Mildenburg im Spiegel seiner Briefe*, Vortrag im Rahmen des 15. Toblacher Mahler-Protokolls am 17. Juli 2005, überarbeitete Druckfassung (Internet-Version). http://www.grandhoteltoblach.com/fileadmin/user_upload/gmdownloads/vortraege/2005_franzwillnauer.pdf; 23.7.2016). Auszugsweise ist dieser Brief ferner abgedruckt bei Willnauer »Mein lieber Trotzkopf«, S. 162. – Zum Zeitpunkt des Briefes führte die Künstlerin noch ihren Mädchennamen »von Mildenburg«; »Bahr-Mildenburg« hieß sie nach ihrer Eheschließung mit dem Dramatiker Hermann Bahr im August 1909.
[42] Vgl. Matthias Echternach, Art. »Registerausgleich«, »Registerbruch«, »Registerwechsel«, in: *Lexikon der Gesangsstimme*, S. 507–508.

gen. Zu berücksichtigen ist ferner, dass Mahler die Künstlerin unzählige Male live auf der Bühne gehört und mit ihr viele Jahre in Hamburg und Wien gearbeitet hat. Vorderhand scheint er daher ein unbestechlicher Zeuge von Bahr-Mildenburgs Gesang zu sein.

Anzunehmen ist deshalb, dass Mahler hier den (befürchteten oder tatsächlich bestehenden) Widerspruch zwischen der bei Cosima Wagner vermuteten gesanglichen Ästhetik und dem Stimmklang der Mildenburg abzumildern bemüht war. Dies könnte in der Absicht geschehen sein, das in Auflösung befindliche Ideal der optimalen Registervermischung möglichst kleinzureden. Tatsächlich pflegte Bahr-Mildenburg einen anderen Gesangsstil, der zu dem neuen Ausdrucksideal des dramatischen Gesangs besser zu passen schien. Hauptcharakteristikum dieses neuen Gesangsstils war, wie es Thomas Seedorf formuliert hat,

> »die Bevorzugung einer dramatischeren, intensiveren und voluminöseren Tongebung, zu deren Gunsten einige Grundzüge der klassischen Gesangsästhetik wie das Streben nach größtmöglicher Flexibilität der Stimme und optimaler Registervermischung zurücktreten mußten.«[43]

Oder anders formuliert: das Ideal einer sorgfältigen Auslotung der Details trat zugunsten eines Strebens nach maximaler Klangintensität und emotionaler Unmittelbarkeit zurück.[44]

Interessant ist nun, dass die durchschlaggkräftige Stimme durch Tonaufnahmetechnik noch verstärkt werden kann. Dies konnte in Vorstudien zu unserem aktuellen DFG-Projekt »Technologien des Singens«[45], das seit dem 15. März 2016 in Detmold läuft, gezeigt werden.[46] Beispielhaft sei dies an zwei Grafiken verdeutlicht, die die Formantanalyse eines Baritons zeigen, der den Vokal a singt. Abbildung 2 zeigt eine Formantanalyse eines Sängers (Bariton), der mit Phonograph – einem frühen Tonaufnahme- und Abspielgerät[47] – aufgenommen wurde. In

---

[43] Seedorf, »Stimmgattungen/Stimmtypen und Rollenfächer«, in: *MGG2*, Sachteil 8, Sp. 1806f.

[44] Seedorf, Art. »Belcanto/bel canto«, in: *Lexikon der Gesangsstimme*, S. 74–77, hier S. 76.

[45] Vgl. http://www.muwi-detmold-paderborn.de/forschung/technologien-des-singens/ sowie http://gepris.dfg.de/gepris/projekt/289601849.

[46] Vgl. Martensen et al. »Grammophon und Gesangsstimme: Untersuchungen zur Akustik früher Aufzeichnungs- und Abspielgeräte«, in: *Fortschritte der Akustik – DAGA 2015*, hrsg. von Deutsche Gesellschaft für Akustik e.V. (DEGA)/Stefan Becker, S. 1429–1432.

[47] Für die genannten Voruntersuchungen konnten wir uns dankenswerterweise einen Phonographen »Edison Home« aus dem Jahre 1908 vom Ethnologischen Museum in Berlin-Dahlem ausleihen.

Abbildung 3 erkennt man vergleichbare Signale; hierbei wurde der Sänger in einem reflexionsarmen Raum mit Messmikrophon aufgenommen. In beiden Fällen handelt es sich um Aufnahmen des Vokals ›a‹ mit f0 = 100 Hz.

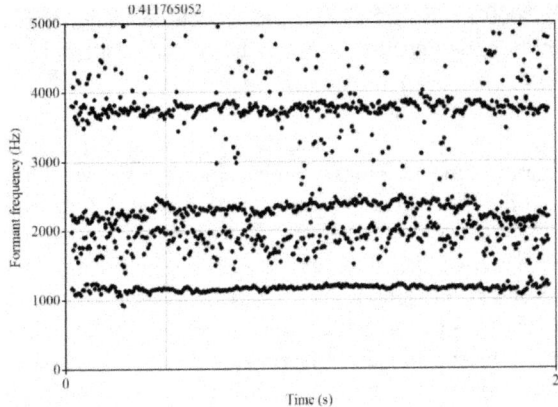

Abbildung 2: Praat-Formantanalyse eines Baritons bei einer Phonographaufnahme (Vokal a)

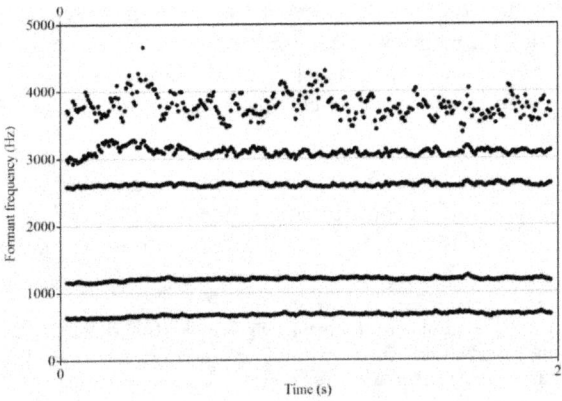

Abbildung 3: Praat-Formantanalyse eines Baritons bei einer Mikrophonaufnahme (Vokal a)

Ganz offensichtlich bildet der Phonograph andere Formanten ab als das Mikrophon: beim Phonographen fehlt der erste Formant bei ca. 800 Hz, den das Mikrophon hingegen abbildet. Dafür ist in der Phonographaufnahme ein Formant bei 2000 Hz zu sehen, den die Mikrophonaufnahme nicht zeigt. Umgekehrt fehlt der Phonographenaufnahme der Formant bei 3000 Hz, der wiederum in der Mikrophonaufnahme klar ausgeprägt ist. Kurz: In der Phonographaufnahme werden sowohl Formanten weggenommen als auch hinzugefügt!

Und ferner: Die Phonographenaufnahme verstärkt einen Teilbereich des sogenannten Sängerformanten[48], der bei Bass und Bariton im Bereich von 2100 bis 3000 Hz liegt.[49] Dieser Teilbereich der Sängerstimme wird durch die Phongraphenaufnahme also besonders deutlich hörbar. Bemerkenswert ist ferner, dass eine Verstärkung dieses Frequenzbereichs bekanntlich nur durch eine bestimmte Gesangstechnik zu erreichen ist, die sich in der Gesangspädagogik erst ab ca. 1850 herauszubilden begann. Eine Gesangsstimme klingt bei Verwendung dieser Technik voluminöser, dunkler und metallischer als etwa eine Belcanto-Stimme.[50] Und wenn der betreffende Sänger auch noch die neue Aufnahmetechnik zur Hilfe nahm, konnte er diesen neuen, anderen Stimmklang, dessen sich offenbar auch Anna Bahr-Mildenburg bediente, noch zusätzlich herausarbeiten und verstärken. Ein Zusammenhang zwischen Aufnahmetechnik und Gesangstechnik ist damit nicht von der Hand zu weisen; dies dürfte erheblichen Einfluss auf Stimme und ihre Verwendung gehabt haben.

Auf der Suche nach Ursachen für dieses Phänomen wurden in den genannten Vorstudien u.a. die physikalischen Eigenschaften verschiedener Schalltrichter des Phonographen überprüft. Es wurde festgestellt, dass jeder Trichter anders reagiert: manche verstärken die Formanten besonders deutlich und manche können sogar die Lautstärke einer Singstimme erhöhen.[51]

Dies war auch schon zu Zeiten Carusos und seiner Zeitgenossen bekannt, auch wenn man noch nicht messend, sondern nur hörend vorgehen konnte, doch war das gute Hören ja gerade die berufliche Stärke

---

[48] Als Sängerformant bezeichnet man einen Formanten im Frequenzbereich um 3 kHz, der bei der Singstimme ausgebildeter Sänger entsteht. Der Sängerformant wird in der klassischen Gesangsausbildung trainiert und sorgt für eine große Durchsetzungskraft der Stimme gegenüber einem Orchester (vgl. Johan Sundberg, »Research on the singing voice in retrospect«, in: *Quarterly Progress and Status Report TMH-QPSR 45* [2003], Nr. 1, S. 11–14, hier S. 11).
[49] Vgl. Wolfram Seidner, Art. »Stimmfunktion/Stimmsitz und Vokalausgleich«, in: *MGG2*, Sp. 1412–1427, hier Sp. 1419. Der hier gemessene Frequenzbereich fällt also genau in den Bereich des sogenannten »hohen Sängerformanten« für einen Bariton.
[50] Vgl. dazu etwa Harald Jers, »Die Gesangsstimme – Sängerinnen und Sänger«, in: *Musikalische Akustik*, hrsg. von Christoph Reuter und Wolfgang Auhagen, S. 133–147, hier S. 139 f. (Formantanpassung) und S. 140 f. (Sängerformant). Zum Belcanto-Gesang siehe etwa Seedorf, *Gesang (= MGG prisma)*, Kassel 2001 und die Ausführungen oben im Text.
[51] Vgl. Martensen et al., »Grammophon und Gesangsstimme«.

der ausübenden Tonfachleute.[52] Die genannten Erkenntnisse wiederum konnten auch schon seinerzeit für die bewusste Klanggestaltung von Singstimmen genutzt werden. Keinesfalls also standen die frühen Aufnahmetechniker dem Phänomen »Singstimme« ohne Einflussmöglichkeiten auf diese gegenüber. Es kann daher keine Rede davon sein, dass die Produzenten der frühen Tonaufnahmezeit noch »ohne jede technische Steuerungsmöglichkeit«[53] gewesen seien. Im Gegenteil zeigt sich an den soeben vorgestellten Grafiken, dass zum Beispiel mit einer gezielten Auswahl von Trichtern ein starker Einfluss auf die Singstimme möglich war. Dies ist vermutlich auch der Grund dafür, dass Schalltrichter seinerzeit von verschiedenen Firmen geradezu in rauen Mengen produziert wurden.[54] Beispielhaft ist diese Massenproduktion in der Publikation von Walter Bruch dokumentiert, der im Frühjahr 1972 das ehemalige Laboratorium von Thomas Alva Edison in den USA besuchte und zu seinen Eindrücken folgendes notierte:

> »In den Laboratorien von West Orange fanden sich Ecken wie diese, in denen Trichter und nochmals Trichter für Walzenaufnahmen herumstanden. Für jede Aufnahmeart ein spezieller Trichter.«[55]

Wie aber sollte man mit dem Problem umgehen, dass besonders hohe und besonders tiefe Frequenzen der Singstimme von Schalltrichtern »abgeschnitten« wurden, wie es ja auf den Grafiken erkennbar war?[56] Zwar sind die Angaben darüber, welche Frequenzen durch die alten

---

[52] Aus demselben Grund konnten geschickte Instrumentenbauer jahrhundertelang gute Instrumente bauen, ohne die physikalischen Vorgänge in deren Inneren erklären zu können (vgl. Arthur Benade, »Blechblasinstrumente«, in: *Die Physik der Musikinstrumente*, Heidelberg 1988, S. 44.

[53] Christian Bielefeldt, »Produzenten und Studios in der populären Musik«, in: *Musik & Ästhetik*, Bd. 19/2015, S. 20–42, hier S. 20.

[54] Vgl. dazu Herbert Jüttemann, *Phonographen und Grammophone*, Braunschweig 1979, S. 222 sowie Stefan Gauß, *Nadel, Rille, Trichter. Kulturgeschichte des Phonographen und des Grammophons in Deutschland (1900–1940)*, Köln 2009.

[55] Walter Bruch, »Von der Tonwalze zur Bildplatte«, in: *Funkschau*, Heft Nr. 6, 1978, hier zitiert nach Sonderheft Nr. 11, 1979, S. 28.

[56] In der Literatur heißt es, dass die frühen Aufnahmegeräte Frequenzen »of notes below the E below middle C and of notes higher than the C three octaves above middle C« nicht abbilden konnten bzw. diese seien (wegen des Verlusts der Obertöne) nur verzerrt darstellbar gewesen (vgl. Timothy Day, *A Century of recorded music*, Yale University Press 2000, S. 9; er verweist hierzu auf John Steane, *The Grand Tradition*, London 1993, S. 7). Eine hohe Sopran- bzw. eine tiefe Bassstimme habe daher dumpf und unschön geklungen (vgl. etwa Day, ebd.; Heinz Hiebler, »Der Sound zwischen technischen Möglichkeiten und kulturellen Ansprüchen. Eine Medienkulturgeschichte der Tonträger«, in: *Sound. Zur Technologie und Ästhetik des Akustischen in den Medien*, hrsg. von Harro Segeberg und Frank Schätzlein, Marburg 2005, S. 206–229, hier S. 216; Frank Hoffmann, *Encyclopedia of Recorded Sound*, 2. Ed., Vol. 1. New York 2005, S. 612).

Aufnahmegeräte noch darstellbar waren, in der Literatur sehr uneinheitlich,[57] aber dennoch stellt eine Beschränkung des klanglichen Spektrums in jedem Fall eine erhebliche Qualitätseinbuße dar. Andererseits wollte man aber natürlich nicht nur Tenöre wie Caruso auf Platte bannen, sondern etwa auch seine berühmte Zeitgenossin, die Koloratursopranistin Luisa Tetrazzini. Und man wollte auch Aufnahmen mit tiefen Bässen machen können, wie etwa mit dem russischen Bass Fjodor Schaljapin. Sich diese Möglichkeiten der Tonaufzeichnung entgehen zu lassen wäre für die Plattenfirmen schon aus monetären Gründen undenkbar gewesen. Eine Plattenaufnahme war, wie schon erwähnt, auch für die Künstler höchst lukrativ[58], dementsprechend war das Interesse daran auch von dieser Seite groß.

Tatsächlich ließen die Plattenfirmen nichts unversucht, um dem geschilderten Problem beizukommen.

Hierzu wurde etwa im Labor von Thomas Alva Edison gezielt an der Anpassung von Geräten an die Besonderheiten von Singstimmen gearbeitet. Der amerikanische Autor Patrick Feaster führt in seiner Dissertation folgende Belege zu diesem Thema an:

> »In 1892, songwriter C. J. Wilson invented a special horn mechanism that, it was said, at last improved the Edison phonograph so that it will be able to transmit and record soprano tones on phonographical cylinders, and the next year Richard Townley Haines reportedly secured a new diaphragm that catches and repeats the upper notes of a ›cantatrice‹ which have heretofore eluded the recording power.«

Aus diesen Befunden zieht Feaster folgenden Schluss: »Women did not acquire phonogenic technique; rather, equipment was redesigned so that it could ›take‹ their voices.«[59]

---

[57] Hiebler etwa berichtet, dass die alten Aufzeichnungs- und Abspielgeräte bis zu 2000 Hz abbilden konnten (ebd. mit Verweis auf Day, ebd.). Vermutlich geht diese Aussage letztlich auf Fred Gaisberg zurück, der von einer Frequenz zwischen 164 Hz und 2088 Hz sprach, vgl. Frederick William Gaisberg, *Music on Record*, London 1946, S. 81, zit. nach Martland, *Recording History*, S. 184). Nach anderen Quellen hingegen soll die maximale darstellbare Frequenz 3000 Hz (vgl. Hoffmann, ebd.) bzw. sogar 4000 Hz (Christian Springer, *Enrico Caruso. Tenor der Moderne*, Wien 2002, S. 219) betragen haben. In einschlägigen Internetforen schließlich werden noch andere Frequenzgänge angeführt (vgl. etwa http://grammophon-platten.de/e107_plugins/forum/forum_viewtopic.php?2663; 5.11.2014).

[58] Vgl. die von Martland vorgelegten Zahlen.

[59] Beide Zitate: Patrick Feaster, *»The following record«. Making sense of phonographic performance, 1877–1908*, Dissertation, University of Indiana 2007, S. 173.

Wie diese Anpassung von Geräten genau geschah, soll nachstehend beispielhaft anhand von Unterlagen aus dem Edison Archiv in New Jersey/USA gezeigt werden, die zum Teil auf Mikrofilm erhältlich sind. Aus diesen geht hervor, dass Edison und seine Mitarbeiter wohl Hunderte von Tests mit verschiedenen Schalltrichtern und Membranen durchführten und dabei auch die Stellung von Künstler und Instrument zum Aufnahmegerät in Zeichnungen festhielten. Ferner notierte Edison seine Eindrücke zum klanglichen Ergebnis.

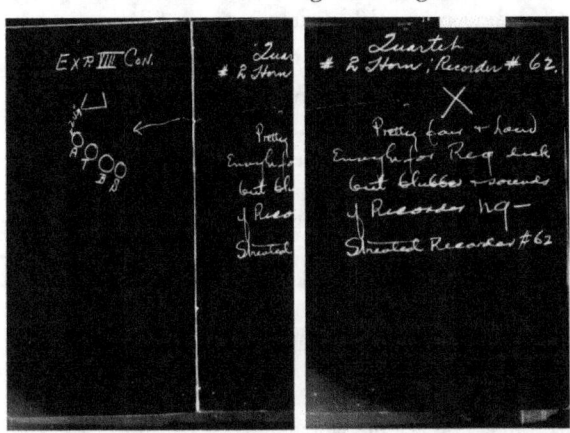

Abbildung 4: Tontests im Labor von Thomas Alva Edison (New Jersey/USA); Mikrofilm Teil V, Reel 237, NBK_61, Notebook series 1911 bis□1919 (Quelle: TIB Hannover).

Wie schon erwähnt, mussten sich die zuständige Tonfachleute auch in der Frühzeit der Aufnahmetechnik nicht mit schlechten klanglichen Ergebnissen zufriedengeben, sondern konnten – freilich in Grenzen und mit den heutigen Möglichkeiten nicht vergleichbar – aktiv Einfluss darauf nehmen. Und sie konnten dafür sorgen, dass ein ganz bestimmter Stimmklang überhaupt erst realisiert werden konnte: die durchschlagskräftige Gesangsstimme wird durch Aufnahmetechnik hörbar, ja sie verstärkt diesen Sound sogar.

Italienisches Belcanto auch im Wagner-Gesang:
Frida Leider (1888–1975)

Die Stimme von Frida Leider beschreibt etwa Jens Malte Fischer als eine »perfekte Verblendung der Register, einer dunkel leuchtenden Tiefe, einer warmen Mittellage und einer darauf organisch aufbauenden Höhe.«[60] Ob man dieser Beschreibung oder anderen Einschätzungen

---

[60] Jens Malte Fischer, »Der Vogel, der heut` sang, dem war der Schnabel hold gewach-

folgen will, die die untere Lage der Singstimme Leiders als problematisch beschreiben,[61] soll hier dahingestellt bleiben. Die Sängerin selbst jedenfalls berichtet in ihren Memoiren, dass sie sich stets, und zwar auch beim Wagner-Gesang, um die Einbeziehung des Belcanto bemüht habe.[62] Hierauf konnte sie ihren Weltruhm begründen, nicht zuletzt durch zahlreiche Auftritte und Konzertreisen in den USA. Offensichtlich steht die Sängerin für die Herausbildung einer wiederum neuen Stimmtechnik und eines neuen Soundideals. Dies ist ohne Zweifel auf ihre persönlichen Leistungen und Fähigkeiten zurückzuführen.

Thesenartig soll aber dennoch angeführt werden, dass auch im Falle Leiders für die Herausbildung von dem, was unter einer schönen Stimme verstanden wurde, durchaus auch Aufnahmetechnik und Aufnahmetechniker verantwortlich waren. In einem Brief vom 2. Juli 1923, also zu Lebzeiten Leiders, schreibt Thomas Alva Edison folgendes über die von ihm bzw. in seinem Haus verantworteten Tonaufnahmen:

> »The reputation of most of the celebrated artists who sing for a competitor rests upon acting and personality, and not upon their voices. [...] Such artists as these are not suitable for the phonograph. [...]«[63]

Es kam ihm also nicht auf die Bühnengestaltung an, sondern auf die schöne, fehlerfreie Singstimme; nur Sänger und Sängerinnen, die eine solche Stimme haben, waren nach Meinung Edisons für Tonaufnahmen geeignet.

Zwar hat Frida Leider nie Aufnahmen in den Studios von Edison gemacht, sondern (ab 1921) bei der Deutschen Grammophon Gesellschaft bzw. später bei His Master's Voice/Elektrola.[64] Dennoch ist anzunehmen, dass bei allen Plattenfirmen ähnliche ästhetische Maßstäbe angelegt wurden. Auch Tonaufnahmen aus dieser Zeit sind daher – wie bereits die zuvor entstandenen Aufnahmen – das Ergebnis bewusster, ästhetisch fundierter Entscheidungen sowohl der SängerInnen als auch

---

sen«. Aspekte des Bayreuther Wagner-Gesangs seit 1930«, in: *Wagnerspectrum, Schwerpunkt Singen*, 2012, S. 31ff, hier S. 35.
[61] Alois Büchl, Art. »Frida Leider«, in: *Lexikon der Gesangsstimme*, S. 366–367.
[62] Wörtlich schreibt sie: »Ich bemühte mich immer, ein italienisches Belcanto zu singen, und es war mein höchstes Streben, diesen Gesangsstil auf die Interpretation meiner Wagner-Partien zu übertragen, ein Ziel, das mich nach Jahren härtester Arbeit zum Welterfolg führen sollte.« (Frida Leider, *Das war mein Teil*, Berlin 1981, S. 64).
[63] Brief von Edison an Mr. F.G. Floyd, 2. Juli 1923 (Quelle: Edison Archiv).
[64] Peter Sommeregger, Art. »Frida Leider«, in: *MUGI. Musikvermittlung und Genderforschung: Lexikon und multimediale Präsentationen*, Stand vom 4.3.2010 (http://mugi.hfmt-hamburg.de/Artikel/Frida_Leider; 5.10.2016).

der zuständigen Aufnahmetechniker. Technikgeschichte und Gesangsgeschichte durchdringen sich gegenseitig. Ästhetische Fragen spielten für die Tonaufnahme schon immer eine genauso große und wichtige Rolle wie technische Innovationen.

Fazit

Ebenso wie verschiedene Diskurse zur Gesangstechnik, Gesangsästhetik und Gesangspädagogik wirkt die Tonaufnahme maßgeblich auf das klangliche Ergebnis bzw. den Gesang ein. Die Tonaufnahme, so könnte man zusammenfassend sagen, fördert die schöne Stimme, auch die Wagner-Stimme – wobei »schön« natürlich auch wieder ein Diskursphänomen ist und entsprechend kontextualisiert werden muss. Es ist aber aus den vorstehenden Ausführungen hoffentlich deutlich geworden, dass es sich bei der Tonaufnahme nicht um eine bloße Reproduktion des Geschehens im Konzertsaal handelt, sondern um etwas ganz Neues, Eigenes, also eine Kreation aus eigenem Recht.

Es dürfte aus dem Vorgesagten zudem deutlich geworden sein, dass weder die Tonaufnahme als solche noch die an ihr beteiligten Techniker und Künstler im luftleeren Raum schweben, sondern dass sie vielfach in die Diskurse ihrer Zeit (also auch der heutigen Zeit) eingebunden sind. Alles, was im Zusammenhang mit dem Tonaufnahmeprozess gewusst (oder nicht gewusst), getan (oder nicht getan) wird, präformiert und beeinflusst ihn und alle daran Beteiligten. – Es würde hier zu weit führen, all dies in einen größeren Rahmen einordnen und dort beschreiben zu wollen. Nur angedeutet sei daher, dass hierfür die Beschreibung der Tonaufnahme als diskursiver Raum ein gangbarer Weg zu sein scheint.[65]

---

[65] Ein weiterführender Aufsatz hierzu befindet sich in Vorbereitung.

Karin Martensen studierte Historische Musikwissenschaft an der Universität Hamburg. Ihre Magisterarbeit verfasste sie über die Einflüsse Gustav Mahlers in Alban Bergs Violinkonzert. Im Frühjahr 2012 wurde sie mit einer Arbeit über Anna Bahr-Mildenburg an der Hochschule für Musik und Theater Hannover promoviert (»Die Frau führt Regie. Anna Bahr-Mildenburg als Regisseurin des Ring des Nibelungen. Mit einem Anhang: Regiebücher zu Walküre, Siegfried und Götterdämmerung« *(= Beiträge zur Kulturgeschichte der Musik*, Bd. 7, hrsg. von Rebecca Grotjahn), München 2013). Seit 2001 ist Karin Martensen als freie Autorin für Werkeinführungen tätig. Nach einem einjährigen Volontariat beim Georg Olms Verlag Hildesheim (ab November 2012) arbeitet sie auch freiberuflich als Lektorin und Korrektorin. Zwischen April 2014 und März 2015 war sie wissenschaftliche Mitarbeiterin an der Hochschule für Musik in Detmold (drittmittelfinanziert von der Mariann Steegmann Foundation, Zürich). Seit dem Sommersemester 2015 nimmt sie verschiedene Lehraufträge in Detmold wahr. Ab März 2016 ist sie Projektleiterin (eigene Stelle) des gemeinsam mit Rebecca Grotjahn und Malte Kob in Detmold durchgeführten DFG-Projekts »Technologien des Singens. Untersuchungen zum Dispositiv Singen – Körper – Medien in der Frühzeit der Tonaufnahme«.

Boris Brinkmann:
Historische Instrumente bei Richard Wagner

Wenn man heute die Frage diskutiert, ob es noch Wagnersänger gibt, womit man meist hinreichend große Stimmen meint, um sich textlich gegen das Orchester behaupten zu können, also letztlich die Frage der Balance zwischen Bühne und Orchester, sollte man nicht vergessen, dass auch die Orchesterinstrumente nicht mehr denen der Wagnerzeit, ja nicht einmal denen des mittleren 20. Jahrhunderts entsprechen und auch sonst im Orchestergraben nicht mehr die Verhältnisse herrschen, für die Wagners Partituren komponiert sind. Im Folgenden soll ein kurzer Abriss subsummieren, welche Parameter die Balance zwischen Bühne und Orchestergraben zu Ungunsten des Sängers/der Sängerin verschieben, auf die er/sie keinen Einfluss hat.

»Erstes Wunder. Ein Enthusiast, der sich auf Krücken hingeschleppt, besitzt schon nach einer Vorstellung die Fähigkeit, davonzulaufen.«

Die historisch informierte Aufführungspraxis von Barockmusik und früher Klassik ist heute allgemeiner internationaler Standard geworden. Die handelsübliche Wiedergabe von romantischer und spätromantischer Musik durch die herkömmlichen etablierten (»modernen«) Orchester ist – trotz einiger hochinteressanter Projekte – noch immer allgemein als angemessen akzeptiert. Das könnte zu der irrigen Annahme verführen, es gäbe eine Dichotomie von Instrumenten (und Spielpraktiken): sog. »alte« oder »historische« für Musik bis in die Klassik, und die modernen, die an Hochschulen denjenigen gelehrt werden, die nicht Alte Musik studieren, als für den Rest adäquat. So kommt es zu Reaktionen wie: »Ach, ich wusste gar nicht, dass zu Wagners Zeit noch auf alten Instrumenten gespielt wurde!« Tatsächlich verläuft die Entwicklung und damit an unterschiedlichen ästhetischen Vorstellungen orientierte Veränderung von Instrumenten linear – bis heute. D. h. es gibt überhaupt nur alte Instrumente! Dieser Aspekt ist noch bei weitem nicht ausreichend erkannt und diskutiert: die Instrumente der Jochum-Aufnahme einer Brucknersinfonie (die nicht denen der Brucknerzeit entsprechen) sind keine modernen in unserem Sinn, und erst kürzlich verlangte ein Pianist für die Einspielung eines impressionistischen Programms ausdrücklich keinen Flügel der Ravel-Zeit, aber einen Steinway-Flügel der 60er Jahre. Das historische Instrumentarium ist aber nur Teil eines komplexen Geflechts von aufführungspraktischen Aspekten, die sich in ihren Konsequenzen für die Interpretation und damit für den Sänger gegenseitig beeinflussen. Direkteste Auswirkungen haben die authentischen Instrumente, die – obwohl durchaus laut! – vielleicht etwas weniger massiv, weniger »deckend« sind, vor allem auf das Tempo. In der ganzen Musikgeschichte lässt sich beobachten, dass das Tempo in dem Maße »natürlich« langsamer wird, in dem auf größeren Klang »getrimmte« Instrumente mehr Zeit zur Klangentfaltung brauchen. Umgekehrt wird das Tempo – wie sich z. B. bei Hengelbrocks *Parsifal* in Essen und Dortmund 2014 beobachten ließ – auch bei den weihevollsten Stellen bei Wagner organisch fließender, wenn Instrumente mit einer direkteren, »schlankeren« Klangentwicklung benutzt werden. Das kommt dem Sänger zugute, der auf natürliche Weise in ein Deklamationstempo kommt.

Für Wagner im Besonderen, dessen Aufführungspraxis (im Wortsinne) im Grunde dokumentiert ist wie bei kaum einem zweiten Komponisten, kristallisieren sich bis zu acht (interagierende) Themenbereiche heraus, die Auswirkungen auf den Klang haben, von denen bis zu drei vermutlich zu überraschen vermögen...:

- Instrumente
- Spielweise
- Unterordnung Dirigent unter Regisseur
- Retuschen / Unterordnung des Orch. immer und rigoros (Balance)

- Tempo
- Pfuschen
- Stimmton (435 Hz)
- Deckel

Instrumente

Wie unterschieden sich Wagners Instrumente von den heutigen? Den Wenigsten wird bewusst sein, dass noch in Wagners gesamter Lebenszeit (und noch sehr viel länger) die Streicher auf Darmsaiten spielten. Nicht unbedingt waren es mehr offene Darmsaiten als im Barock, die C- und G-Saiten der Celli sowie die G-Saiten der Geigen etwa hatten bereits eine Metallumwicklung, der Kern jedoch war Darm. Wie bekannt, klingt die Darmsaite weicher, seidiger, heller. Aufschlussreich ist es, sich die Gründe zu vergegenwärtigen, die zur Ablösung durch die Stahlsaite führten. Es muss nämlich – im Rahmen dieser Überlegungen gleich mehrfach – mit dem Vorurteil aufgeräumt werden, eine Instrumentenentwicklung sei erstens eine Weiterentwicklung von einem primitiven Urstadium zu einer perfekten (und heute erreichten) Endform hin und die Komponisten hätten zweitens das moderne Instrument immer vorgezogen.

Die Stahlsaite hielt Einzug in den 20er-/30er-Jahren des 20. Jahrhunderts zunächst in der Unterhaltungsmusik, und insbesondere im Grammophon-Aufnahmestudio. Die Darmsaite hat nämlich praktische Nachteile: vor allem neigt sie dazu, leichter einmal zu reißen, was man in Zeiten, da im One-Take-Verfahren direkt auf Wachs aufgenommen wurde, gar nicht gebrauchen konnte. Abgesehen davon hält die Stahlsaite etwas leichter die Stimmung, was es, sagen wir, etwas unproblematischer macht, die für Studioaufnahmen erforderliche Intonation – wie gesagt: bei einem Take – zu gewährleisten (was nicht heißt, dass es nicht – mit mehr Mühe – auch mit Darmsaiten möglich gewesen wäre...). Niemand hingegen hat in den damaligen Jahrzehnten – und zwar bis nach dem Zweiten Weltkrieg! – je behauptet, dass die Stahlsaite eingeführt worden sei, weil sie besser oder schöner klingt! Man hat mehr oder weniger sehenden Auges – besser: hörenden Ohres – den anerkanntermaßen schöneren Klang der Darmsaite der Pragmatik geopfert.

Ein überraschender Beleg findet sich in einem Heft des Magazins *Atlantis* von 1934 in einem Artikel über Streichinstrumentenbau in Markneukirchen[1]. Hatte man sich bei Darmsaiten bisher immer ir-

---

[1] *Atlantis*, Ausgabe vom 11. November 1934.

gendwie Leopold Mozart mit einer Katze auf dem Schoß vorgestellt, verblüfft nun der industrielle Maßstab, in dem im 20. Jahrhundert Darmsaiten gefertigt wurden, sowie die Selbstverständlichkeit, mit der im Bildtext kommentarlos von Darmsaiten die Rede ist.

Auch die Herstellung der Darmsaiten erfolgt in Marbachkirchen. Blick in den Spannraum einer Darmsaitenfabrik.

Der bei den Blechblasinstrumenten entscheidende Aspekt ist die Mensur. Für Nicht-Bläser: die Mensur bei einem Blechblasinstrument ist das Verhältnis von Rohrdurchmesser zu Rohrlänge:

$$Mensur = \frac{Rohr \varnothing}{Rohr - L\ddot{a}nge}$$

Die Mensur bestimmt die Klangfarbe: je enger die Mensur, also je enger das Rohr bei gleicher Länge (oder je länger bei gleichem Durchmesser), desto obertonreicher, schlanker, heller und schärfer bei gleicher Lautstärke (Schallstärke). Eine besondere Charakteristik von Blechblasinstrumenten ist es, das der zunächst sonore, volle Klang an einem bestimmten Punkt in die Schmetterklangfarbe umschlägt. Dieser Punkt liegt bei enger mensurierten Instrumenten niedriger. D. h., dass eine [Ventil-]Trompete, die im mf angeblasen wird, dem *f* auf der Clarine entspricht, aber aufgrund der Teiltonstruktur »ärmer« klingen wird.[2]

---

[2] U. Müller, *Untersuchungen zu den Strukturen von Klängen der Clarin- und Ventiltrompete*, Regensburg 1971, nach: Christian Ahrens, *Eine Erfindung und ihre Folgen*, Bärenreiter, 1986.

Umgekehrt kann derselbe Klang (in Bezug auf das Obertonspektrum) auf der Naturtrompete mit geringerer Lautstärke hervorgebracht werden. Der Einschwingvorgang dauert bei der Naturtrompete etwas länger, dadurch wird der Klangeinsatz als weicher empfunden; der Klang verschmilzt besser mit anderen Instrumenten. Auch hier wieder werden diejenigen, die erwarten, dass die Erfindung der Ventilblasinstrumente in der ersten Hälfte des 19. Jahrhunderts begeistert begrüßt wurde, enttäuscht. Es gab vielmehr bei Spielern, Komponisten und Kommentatoren erhebliche Widerstände dagegen. Man beachte die fortschreitenden Jahreszahlen der Zitate. Das letzte stammt von nach der UA des *Ring des Nibelungen*.

»Was sollen uns die vielen Ventil- und Klappengeschichten neuer Erfindungen? Sie verhunzen den natürlich charakteristischen Ton... Übrigens betrachte man die Instrumente jederzeit als charakteristische Klangwerkzeuge und nicht als Lärmgesindel. Hörner sind am schönsten in ihren natürlichen Tönen, wirken romantisch in heller Fülle und bringen in ihren gestopften Tönen, zur rechten Zeit gebraucht, einen wundersam schaurigen Effekt hervor.«[3]

- »...Dass das sogenannte chromatische Waldhorn keins mehr ist, hat schon der sel[ige] C. M. v. Weber mit tiefem Seufzen gesagt...« (N. N., *AMZ*, 1832).
- »Die Trompeten mit Klappen oder Ventilen ... haben nicht den wahren Trompetenklang. Das ist ein anderes, ein eigenständiges Instrument...« (*Revue Musicale*, 1833).
- »So klingen denn auch die Klappentrompeten ungefähr wie gewöhnliche Trompeten, nur schlechter« (N. N., *AMZ*, 1837).
- »[Die Ventiltrompete] mag aber eher geeignet sein, gleich der verwandten Posaune, Mauern niederzuschmettern, als durch Cantabilität sanfte Gefühle zu erwecken...« (N. N., *AMZ*, 1848).
- »Ein geschickter Hornbläser aber kann nur herangebildet werden, wenn er zu seinen Übungen das natürliche Horn benutzt... Es droht also auf diesem Gebiete der ärgste Verfall, wenn nicht von Seiten des Staats in irgend welcher Art zu rechter Zeit Abhilfe geschafft wird.« (F. L. Schubert, *Neue Zeitschrift für Musik (NZfM)*, 1865).
- »Die Trompeten haben durch den zur Vervollständigung der Scala nothwendigen Umbau in der Klangfarbe mehr verloren als das Horn« (N. N., *AMZ*, 1878).[4]

---

[3] Carl Gottlieb Reissiger, *Allg. Musik. Zeitung (AMZ)*, 1837.
[4] Alle nach: Ahrens, *Eine Erfindung und ihre Folgen*.

Der Verlust des »romantischen« Hornklangs wurde als gravierender empfunden als der Gewinn durch die zusätzlich spielbaren Töne. Bei der Uraufführung von Schumanns Konzertstück für 4 Hörner op. 86 (1850) hat der Leipziger Hornist Pohle das Naturhorn entgegen Schumanns ausdrücklicher Anweisung (Ventilhorn) vorgezogen. Wagner und andere suchten die Vorteile beider Instrumente zu nutzen ohne die Nachteile in Kauf zu nehmen, indem sie für Naturinstrumente (ordinario) und Ventilinstrumente instrumentierten:

Fliegender Holländer (1843)

- Corni ordinare (*Bb, C, D, E, F, A*)
- Corni ventile (*F, G*)
- Trombe ordinare (*C, F*)
- Trombe ventile (*F*)

Tannhäuser (1845)

- 2 Ventilhörner
- 2 Waldhörner
- 3 Trompeten

Heute werden die Unterschiede nivelliert, indem wir pauschal »4 Hörner« besetzen. Dirigenten wie Nikolaus Harnoncourt oder Friedrich Haider haben in letzter Zeit historische (eng mensurierte) Posaunen im modernen Orchester verwendet und Markus Poschner hat als GMD in Bremen eine 3. Brahms mit durchgehend historischen Blechbläsern – Naturhörnern, Klappentrompeten (!) und eng mensurierten Posaunen – dirigiert.

Noch kaum jemand macht sich bewusst, dass das Balanceproblem moderner Instrumente sogar das 20. Jahrhundert betrifft:

> »In Prokofievs Klangwelt lag ein Horn-Fortissimo zwischen dem Dröhnen eines Haushaltsstaubsaugers und einem schallenden Fagott. Prokofiev wusste noch nicht, dass die Hornisten eines Tages fähig sein würden, diese lauten Fortissimo-Töne hervorzubringen, die Sie da loslassen. ... spielen Sie diese ff und fff meno forte!«[5]

---

[5] Erich Leinsdorf in der Probe einer Prokofiev-Sinfonie.

Das Zitat ist nicht datiert, aber Leinsdorf dirigierte bis Ende der 70er Jahre, seine Prokofiev-Aufnahmen stammen aus den 60er Jahren. Prokofiev starb 1953! Am Pariser Conservatoire gab es bereits 1833 eine Klasse für Ventilhorn, aber nur bis 1864. Von 1864 bis 1897 konnte man in Paris nur Naturhorn studieren. Ab 1897 gab es eine neu eingerichtete Klasse für Ventilhorn und »erst 1903 verschwand das Naturhorn ganz aus dem Lehrangebot« (Ahrens)[6].

Ein wichtiges anderes Problem der Blechbläserfamilie ist die heutige Basstuba, die sich – wie überhaupt alle Instrumente obertonärmer sind als ihre historischen Gegenstücke und daher weniger verschmelzungswillig – in den Wagnerstücken, in denen nur Basstuba besetzt ist (der *Ring* mit den Wagner- oder Ringtuben stellt da einen Spezialfall dar) überhaupt nicht mit dem Orchesterklang mischt und immer zu laut wirkt, weil der Klang isoliert neben dem Orchester zu stehen scheint. In der Frühromantik war der Basspart der Blechbläserfamilie Instrumenten anvertraut, die dann kurze Zeit später verschwunden sind: der Vorform der Tuba, der Ophicleïde, und einem der wohl bizarrsten Instrumente, die es überhaupt je gab: dem Serpent. Diese beiden Instrumentenbezeichnungen stehen z. B. in Mendelssohns *Sommernachtstraum*-Ouvertüre und der *Reformationssymphonie* vor dem Notensystem, das wir heute wie selbstverständlich auf einer gewaltigen Tuba ausführen.

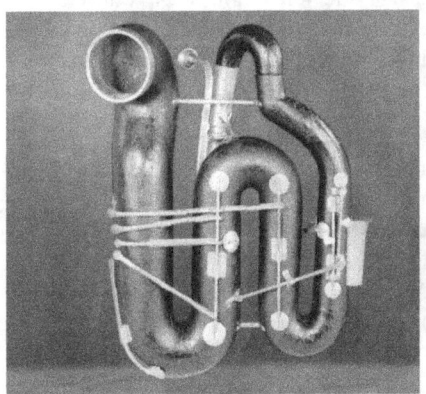 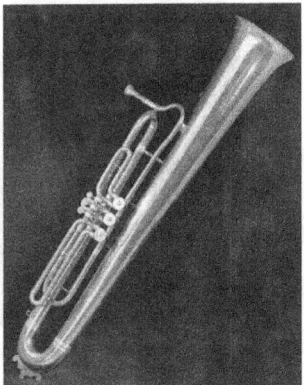

Man sieht ohne weiteres, dass die Ophicleïde viel schlanker (enger mensuriert) als eine Tuba ist, und damit korreliert ein schlankerer, weniger massiver Klang, der weniger »deckt« – nicht nur SängerInnen, sondern auch andere Orchesterkollegen.

---

[6] Alle nach: Ahrens, *Eine Erfindung und ihre Folgen*.

Im Zusammenhang mit den Blechbläsern sei das Konzept der relativen Lautstärke entwickelt. Ein Instrument, das zu 100% ausgereizt wird, klingt von der emotionalen Temperatur her anders als ein Instrument, das von der absolut messbaren Dezibelzahl her gleich laut gespielt wird, aber nur zu 70% ausgefahren wird. Das wird häufig Sängern zum Verhängnis, wenn sie wieder einmal kritisieren, dass das Orchester zu laut spiele. Gehen Sie bei der nächsten BO (Bühnen-Orchesterprobe) einmal zum Graben vor und achten Sie auf die relative emotionale Temperatur, auf der das Orchester spielt. Das Orchester ist oft gleichzeitig einerseits zu »leise« und dabei zu laut für die Bühne. Natürlich wird man häufig noch leiser spielen können. Man wird allerdings nicht mehr den auch für die Szene erforderlichen Eindruck äußerster Entfesselung erwecken können. So gesehen ist die Errungenschaft, mit modernen Instrumenten scheinbar sogar mehr dynamische Möglichkeiten (nach oben) zu haben, ein Danaergeschenk, da die Möglichkeiten im Zusammenspiel mit lebenden Stimmen, dem einzigen Instrument, das zumindest als Hardware in der gesamten Musikgeschichte keine Weiterentwicklung oder technischen Hinzufügungen erfahren hat, gar nichts nützen. Auf ähnliche Weise ist es von vornherein unbefriedigend, etwa die Winterreise auf einem modernen Flügel zu begleiten. Natürlich kann man immer so begleiten, dass man den Sänger nicht deckt. Allerdings um den Preis gepflegten Salontones, während ein Hammerflügelspieler die volle Dynamik des Instruments ausfahren kann und der Sänger dennoch mit Zimmersprechstimme locker darüber kommt.

Das ist es, was die alten Aufnahmen so überzeugend macht: dass das komplexe Gesamtgefüge aus der Balance der verschiedenen Instrumente zueinander und des Orchesters zur Bühne noch nicht (zu stark) gestört ist; dass man einerseits den Text versteht, gleichzeitig aber auch das Orchester mit letzter Hingabe »ausspielen« kann. Und das ist es auch, was den schleichenden Wandel in der Gesangstechnik über die Jahrhunderte verursacht hat. Denn Wagner selbst hat ja gefordert, seine Sänger sollen niemals hundert Prozent geben, auf dass man den Text noch verstehe. Tatsächlichen haben sie/Sie aber heute oftmals keine andere Chance, wollen sie/Sie sich noch Gehör verschaffen.

»Mangel an Technik ist nicht die einzige Ursache, auch nicht jenes künstlich gezüchtete »Metall', das zwar weidlich bejubelt wird, aber eine Lautstärke produziert, die Wagner niemals vorgesehen hat – er sprach gern von einem »innerlichen forte« [...] – sondern vor allem jene unselige ›Fach‹-Trennung, vor der schon Lili Lehmann warnte...« (Wolf Rosenberg).[7]

Unter den Holzbläsern seien stellvertretend die Flöten genannt, über die sich vielleicht verbreitete Missverständnisse ausräumen lassen. Die barocke Traversflöte war aus Holz und ohne Klappen gewesen, unser heutiges Instrument ist die sog. Boehmflöte, benannt nach ihrem Entwickler Theobald Boehm, 1. Flötist am Münchner Hoftheater. Mancher mag daraus den Schluss ziehen, wenn er im Orchestergraben eine Holzflöte sieht, es mit einer Traversflöte zu tun zu haben. Heilloses Begriffschaos!

Boehm baute seine ersten Flöten mit dem von ihm patentierten Klappensystem durchaus ebenfalls aus Holz. Erst viel später setzte sich die Metallflöte immer mehr durch, laut Patrick Gallois wohl, weil sich der Werkstoff Holz ohne computergestützte Verarbeitungsmethoden noch nicht sicher genug unter Kontrolle bringen ließ, um das Instrument (wetterunabhängig) absolut intonationsrein zu bekommen – ein Argument, das heute wegfällt. Wieder also, wie bei den Stahlsaiten, ein rein pragmatischer Grund.

Tatsächlich besteht der Unterschied zwischen der Travers- und der Boehmflöte in etwas ganz anderem: während die Traversflöte des Barock und der Klassik innen konisch gebohrt war, weist die von Boehm zwischen 1832 und 1847 entwickelte »moderne« Flöte eine zylindrische Bohrung auf, und das bedingt auch den Hauptklangunterschied. Heute werden vereinzelt durchaus Holzflöten in den Orchestern gespielt, die der Bauweise nach moderne Flöten sind! Wenn man einmal den Unterschied gehört hat, versteht man eigentlich nicht, aus welchem Grund die meisten Musiker so beharrlich bei der »Blechflöte« bleiben, außer natürlich dem Prestige des Silber, Gold, Platin mit den entsprechenden Preisen.

Oft hört man gegen historische Instrumente pauschal-uninformierte Argumente, etwa in der Art dass, wenn ein Komponist das moderne Instrument gekannt hätte – etwa Beethoven den Steinway-Flügel –, er dieses vorgezogen hätte. Bei Wagner, der in *Über das Dirigieren* schrieb, dass die »...früher so sanften Flöten zu wahren Gewaltsröhren umgewandelt« worden seien[8], haben wir nun den interessanten Fall, dass er im Falle der Flöte dem modernen Instrument durchaus ausgesetzt war und es im direkten Vergleich ablehnte! Im Uraufführungsorchester des

---

[7] Nach: *Bayreuther Dramaturgie*, hrsg. von Herbert Barth, Stuttgart, 1980.
[8] Nach: *Goldene Klänge im mystischen Grund*, 2013.

Parsifal 1882 in Bayreuth saß ein Schüler des Erfinders der modernen Flöte, Theobald Boehm...

»Als ich im Jahre 1882 in Bayreuth bei den Parsifal-Aufführungen als Orchesterspieler mitwirkte, bemerkte ich, dass Richard Wagner keine Sympathien für die Cylinderflöte zeigt. Er belegte sie nämlich mit dem Namen ›Kanonen‹. Ich entschloss mich daher ... zur Ringklappenflöte konischer Bohrung überzugehen, was ich nicht zu bereuen hatte.« (Rudolf Tillmetz, Boehm-Schüler).[9]

»Die jetzigen Flöten im Orchester verglich er mit dem Dampfschiff-Pfiff.« (Cosima Wagner,1882).[10]

Spielweise

Die meisten Orchestermusiker reagieren bis heute ungläubig, wenn sie erfahren, dass noch in Wagners Zeit und bis ins 20. Jahrhundert hinein das vibratofreie Spiel im Orchester die Regel war und kein durchgehendes Dauervibrato gemacht wurde. Auch dieses stammt aus der Sphäre der Unterhaltungsmusik. Johannes Brahms schätzte das vibrato sehr – im Caféhaus, nicht jedoch im Konzertsaal als der Stätte hehrer Kunstausübung! (Auch Schönberg und Strawinsky lehnten das durchgehende, gleichförmige vibrato ab.).

Während heute jeder Orchesterstreicher zumindest rudimentär von Leopold Mozarts *Violinschule* von 1756[11] gehört hat, hat die *Violinschule* von Joseph Joachim noch immer keine Konsequenzen auf das Streicherspiel in unseren modernen Orchestern. Man kommt nicht umhin festzustellen, dass Barockmusik heute möglicherweise auf einem viel höheren reflektierteren Niveau gespielt wird als das romantische Standardrepertoire.

Man muss sagen, dass man ja in einer Streicher-tutti-Gruppe vibrato ohnehin nicht als eigentliches vibrato, als Schwingung hört, wie etwa bei einem Solobläser, sondern als Verfettung des Klanges – an die wir uns freilich gewöhnt haben. Roger Norrington nannte fünf Punkte, was passiert, wenn man ohne vibrato spielt[12]:

---

[9] Ebd., Hervorhebung von mir.
[10] Tagebuch, nach: *Goldene Klänge im mystischen Grund*, 2013.
[11] Leopold Mozart, *Versuch einer gründlichen Violinschule*.
[12] Interview in: *The Romantics*, DVD mit Roger Norrington und dem RSO Stuttgart, Hänssler Classics/SWRmusic, 2007.

1. Die Intonation wird besser.
2. Die Dissonanzen werden schärfer.
3. Die Instrumentation verschmilzt besser.
4. Der Klang wird rein und edel.
5. Da der Klang kein Selbstzweck mehr ist, fängt man an, Phrasen zu spielen.

Im *Lohengrin* steht an einer (!) Stelle vibrato als Spielvorschrift. Und mir selbst berichtete der Bremer Dirigent und Geigenlehrer Herbert Koloski über Hermann Grevesmühl, der in seiner Jugend Konzertmeister in Riga gewesen war, dass dieser erzählt habe, dort sei ab und an ein Gastdirigent namens Jean Sibelius vorbeigekommen und der habe seine Orchesterwerke ohne vibrato spielen lassen. Das ist für mich aus erster Quelle...Ein sehr »sauber« (intonationsrein) spielendes Orchester klingt übrigens leiser als ein unsauber spielendes! Für Sänger interessant...

Missverständlich wäre es, wenn man sich dabei einen ausdruckslosen Klang vorstellt, bei dem einfach nur das vibrato fehlt – obwohl es solche Angebote leider gibt. Vielmehr wurde das Fehlen des durchgehenden vibrato mehr als kompensiert durch eine reichhaltige portamento-Kultur – ein Gebiet, das in der Spielpraxis noch auch nicht annähernd ausreichend aufgearbeitet ist. Zudem korreliert das Linke-Hand-vibrato dermaßen mit der Bogentechnik, dass ich als Dirigent mittlerweile nicht mehr über vibrato diskutiere, ohne über Bogentechnik zu sprechen.

Romantische Bogentechnik ist nun etwas, das auch unter den sog. »Spezialisten«, die Romantik auf alten Instrumenten spielen, noch so gut wie überhaupt nicht erforscht ist. Der Cellist Klaus-Dieter Brandt arbeitet seit Jahren systematisch an Celloschulen des 19. Jahrhunderts und kommt zu dem Schluss, dass wir Romantik mit einer völlig falschen Bogentechnik spielen:

> »Die Spieltechnik änderte sich Anfang des 20. Jhd. völlig – noch vor der Stahlsaite. Man kommt heute mit ganz anderen Bewegungsformen ans Klassik- oder Romantikcello. Für die Violine ist es auch ähnlich nachvollziehbar. Modern geschult ist man eigentlich völlig verdorben... Das Instrumentalspiel war ... Mitte des 19. Jh höchst verfeinert, die Technik auf einen Gipfel virtuoser Leichtigkeit und Eleganz gewachsen... Das ging später verloren.« (Klaus-Dieter Brandt).[13]

(Lesen Sie noch einmal die beiden letzten Vokabeln und denken Sie kurz an eine Brucknersinfonie...) Ein Kollege vom Wuppertaler

---

[13] In einer SMS an den Verfasser.

Opernhaus erzählte mir, dass sein Vater, der Opernsänger am Haus gewesen war, einen ehemaligen Orchesterkollegen zu Besuch hatte und die beiden über die Frage sprachen, der dieses Buch gewidmet ist, und dass schließlich der Orchestermusiker sagte: »Irgendwie haben wir aber früher bei Probespielen auch einen anderen Klang gesucht. Einen tutti-Klang...«.

Unterordnung Dirigent unter Regisseur (bzw. Personalunion)
Für das Selbstverständnis des Gesamtkunstwerks als Musiktheater in Bayreuth war es, solange Siegfried und Winifred noch lebten, eminent wichtig, dass der Musiker – der Dirigent – in gleicher Weise wie der Regisseur und weit über das heute vorausgesetzte Maß mit tiefem inhaltlichem und weltanschaulichem Verständnis von der dramaturgischen Idee durchdrungen ist wie der Regisseur. Nach Wagners Verständnis ist der »Macher« des Theaterabends grundsätzlich der Regisseur – gewissermaßen ein »Spielleiter« im ursprünglichen Sinn, der idealerweise in der Lage ist, selbst die Vorstellungen – in seinem Sinne – dirigentisch zu leiten.

> »Der Dirigent spielt in Bayreuth die 2. Rolle. Das hat mein Vater von jeher ausgesprochen, indem die Dirigenten nur seine Befehle auszuführen hatten.« (Siegfried Wagner).

Darin ist auch der Grund für den irritierenden Umstand zu sehen, dass ausgerechnet Wagner, der penibel, ja verzweifelt um das richtige Tempo gerungen hat, nie auf die Idee gekommen ist, das Metronom zu Hilfe zu nehmen, um seinen einzig richtigen Willen der Nachwelt festzuhalten: es gibt kein objektivierbar richtiges Tempo, das dem, der das Stück nicht vollständig geistig verstanden hat, mitgeteilt werden könnte, da dieses immer organisch an Vorgänge auf der Bühne gekoppelt ist und im Grunde nur von einem Regisseur richtig erfüllt werden kann.

> »Er war kein Dirigent in der Art Bülows. Er blieb immer Musiker. [...] Für die Werke Richard Wagners und seine Festspiele ... war die Beschränkung auf die Musik eine Unzulänglichkeit.«[14]

> »Nicht einen Menschen hinterlasse ich, welcher mein Tempo kennt!« (R. Wagner, 1878).[15]

---

[14] Siegfried Wagner über Hans Richter.
[15] Cosimas Tagebuch, 20. 11. 1878, nach: *Bayreuther Dramaturgie*, hrsg. von Herbert Barth.

Der letzte Regisseur der Festspiele, der selbst dirigiert hat, war Heinz Tietjen, Generalintendant der Preußischen Staatstheater, der von 1933 bis 1941 in Bayreuth wirkte. Bis 1930 stand der Name des Dirigenten nicht auf dem Bayreuther Theaterzettel. Wohl die musikalischen Assistenten Wagners – i. e. des Regisseurs –, aber nicht, wer davon Abenddirigent ist.[16]

Retuschen/Unterordnung des Orchesters
Wir verstehen Wagners Partituren als »symphonisch«, d. h. kontrapunktisch mit wichtigen thematischen und musikalischen Aussagen im Orchester, im Gegensatz zur italienischen (Belcanto-) Oper, wo die Trennung in Bühne/Melodie und Orchester/Begleitung meist klar ist, und spielen sie dadurch in bester Absicht genau falsch.

»Die Sänger sind die Hauptsache. Das Orchester akkompagniert nur, etwa wie im Schwarzen Domino [von Auber].« (R. Wagner, Proben zur *Götterdämmerung*, 1876).

»Wenn der Sänger etwas zu sagen hat, hat sich das Orchester sofort unterzuordnen, und wenn es die schönsten Sachen zu spielen hat.« (R. Wagner, Proben zum *Rheingold*, 1876).[17]

»Hat uns nicht Mozart die Grundform des deutschen Belcanto in der Zauberflöte hinterlassen? Der Dialog zwischen Tamino und Sprecher wird Vorbild für alle Zeiten bleiben. Und was will ich anderes mit dem Dialog zwischen dem Wanderer und Mime im ersten Akt Siegfried?« (R. Wagner).[18]

»Bei den Proben des Nibelungenringes stellte es sich [...] als Notwendigkeit heraus, an vielen Stellen die dynamischen Bezeichnungen der Tonstärke zu ermäßigen, öfter an die Stelle eines f ein mf usw. zu setzen. Dies geschah aus dem Grunde, um vor allem Wort und Ton des Sängers zu deutlichem Vernehmen gelangen zu lassen; denn wir sollen ... keinen Moment vergessen, daß wir einer dramatischen Aufführung ... beiwohnen, und nicht etwa ein Werk der rein symphonischen Kunst aufzunehmen haben.« (Heinrich Porges).[19]

---

[16] Nach: »Die Dirigenten der Bayreuther Festspiele«.
[17] Beide nach: »Die Dirigenten der Bayreuther Festspiele«.
[18] Nach: *Bayreuther Dramaturgie*, hrsg. von Herbert Barth, Stuttgart 1980.
[19] In den Bayreuther Blättern 1880, nach »Die Dirigenten der Bayreuther Festspiele«.

»Der Sänger ... soll und muß unmittelbar verstanden werden, nicht erst auf dem Umweg über das Mitlesen im Textbuch, das die Illusion ebenso beeinträchtigt wie der Anblick der [...] agierenden Musiker.« (Egon Voss).[20]

»Man muß ... Wagners Oper durchaus als Sprechdrama hören. Die Musik muß [i. S. v. ›darf‹; der Verf.] man ›nicht merken‹, aber sie gibt dem Ganzen die Patina, die Farbe und das Leben...« (Wilhelm Furtwängler, 1943).

»Da war diese Oper ganz so, daß man überhaupt nicht merkte, daß man in einer Oper saß. Man hatte den Eindruck ... es ist ein Konversationsstück; man hörte die Pointen alle, so wie in einem ... gesprochenen Theaterstück. Es kam einem gar nicht zum Bewußtsein, daß Musik dabei war. Dabei war das Ganze doch derartig in einer musikalischen Atmosphäre drin, daß das eine ganz kolossale Wirkung machte.« (Wilhelm Furtwängler über eine Aufführung 1912 unter Hans Richter).[21]

Felix Mottl lehnte einen Sänger als für die Bayreuther Festspiele »durchaus unbrauchbar« ab, weil dieser »ein ›routinierter‹ Opernsänger, in des Wortes verwegenster Bedeutung« (Felix Mottl an Cosima Wagner, 1887).[22] sei.

Tempo

»Wenn ihr nicht alle so langweilige Kerle wärt, müsste das Rheingold in zwei Stunden fertig sein!« (R. Wagner, 1876).

Da das Tempo mehr als alles andere mit anderen Faktoren wie etwa den Instrumenten zusammenhängt, ist darüber oben schon viel gesagt worden. Die angeblich für Wagner charakteristischen und adäquaten langsamen sog. »Bayreuther Tempi« kamen jedenfalls erst nach Wagners Tod auf, genauer: mit Mottls Parsifal-Aufführungen 1888. Die durch Cosima für Bayreuth stilbildend geprägte »Stilisierung der Darstellung«[23] unterschied sich grundsätzlich von R. Wagners »Tendenz zur realistischen Darstellung«[24].

---

[20] Egon Voss, »Die Dirigenten der Bayreuther Festspiele«.
[21] Beide ebd.
[22] Ebd.
[23] D. Mack, Programmheft der Bayreuther Festspiele 1975, nach: »Die Dirigenten der Bayreuther Festspiele« im Rahmen der Reihe *100 Jahre Bayreuther Festspiele*, Regensburg, 1976.
[24] Heinrich Porges, »Probenbericht von den ersten Festspielen«, Bayreuther Blätter 1896, in: »Die Dirigenten der Bayreuther Festspiele«.

»Den richtigen Eindruck werden nun diese dialogischen Stellen nur dann hervor- bringen, wenn das Tempo, in dem sie ausgeführt werden, im Wesentlichen dasselbe ist, wie das der gesprochenen Rede.« (R. Wagner)

»Gestern kamen wir, besonders bei Betz [dem Sänger des Wotan], den ich am Klavier immer im feurigsten Tempo habe singen lassen, aus dem Schleppen nicht heraus. ... Ich glaube wirklich auch, Sie halten sich durchgängig zu sehr am Viertelschlagen, was immer dem Schwung eines Tempos hindert...« (R. Wagner an Hans Richter 1876).

»Die ins Heroische und Monumentale gehenden Züge der von Cosima [...] geprägten Inszenierungen veränderten Tempo und Ton der Musik nachhaltig.« (Egon Voss).[25]

»Seit ich zum ersten Mal die späteren Opern [Wagners] gehört habe, war ich von dem Wunsch durchdrungen, Wagner so zu behandeln, als sei es Musik und nicht eine einzigartige mystische Substanz, die man nur durch einen sehr langsam rotierenden Nebel wahrnehmen könne.« (Roger Norrington).[26]

»Hinsichtlich der Besetzung haben wir uns mehrfach beraten und sind einer Meinung. Der Akzent liegt auf schlanken, leichten Stimmen, die schnellere Tempi ermöglichen, ja verlangen.« (Horst Stein 1975 zu *Parsifal* mit Wolfgang Wagner).[27]

Bei den Proben zur Uraufführung des *Ring* fragten die Sänger Wagner, ob die mehr rezitativischen Passagen im Sprechrhythmus oder genau im geschrieben Takt ausgeführt werden sollen. Wagner antwortete, er verstehe die Frage nicht: »Ich dachte eigentlich, ich hätte den Sprechrhythmus einigermaßen genau notiert.«

Unsere Idealvorstellung von möglichst weihevoll gedehntem Wagnerstil (Hans Knappertsbusch – ein halbes Jahrhundert praktisch *Parsifal*-Monopolist – soll bei Festaufführungen noch besonders langsam dirigiert haben) steht der Idee einer natürlichen Deklamation, eines frischen Realismus diametral entgegen. Bezeichnenderweise dirigierte Knappertsbusch 1952 mit 4 h 40´ die langsamsten *Meistersinger* der Festspielgeschichte vor 1975[28]. Ausgerechnet unter dem Dirigat des Generalintendanten der Nazis gab es 1938 mit 2h 08´ das kürzeste *Rheingold* der Festspielgeschichte.

---

[25] Alle nach: »Die Dirigenten der Bayreuther Festspiele«.
[26] Im CD-booklet zu Wagner, *Orchesterwerke*, London Classical Players, EMI, 1995.
[27] Nach: »Die Dirigenten der Bayreuther Festspiele«.
[28] Heinz Tietjen bringt es hier nun fertig, mit 4 h 33´ (1933) der Zweitlangsamste zu sein.

Pfuschen

Kann Pfuschen integraler Bestandteil der adäquaten Wiedergabe von Musik sein? Eine Anekdote über Richard Strauss: Der schon betagte, weltberühmte Richard Strauss war eingeladen, in den USA eigene Werke zu dirigieren, die von dem dortigen – mutmaßlich aus europäischen – Chefdirigenten bestens vorbereitet waren. Strauss war nach der Probe betroffen: »Das ist ja schrecklich: die können das ja alles spielen! Das ist ja alles viel zu laut!«

> »Die Unmöglichkeit, diese Geigenpassagen absolut richtig auszuführen, gewährleistet geradezu den ›richtigen‹ Effekt« (Kurt Blaukopf, *Bayreuther Programmhefte*).[29]

Das Verständnis für den Sinn einer Musik, für das Gestische ist heute vielfach einem technokratischen Pseudoperfektions-Fetischismus gewichen. Damit soll keineswegs der kulturimperialen Vorstellung von der heutigen Überlegenheit über das technische Niveau früherer Musiker, eine Zwillingsschwester der Lehre von Weiterentwicklung der Instrumente (s. o.), das Wort geredet werden. Im Gegenteil: soziologische Untersuchungen über Übezeiten im 19. Jahrhundert bestätigen: die Menschen hatten – mangels Fernsehen, Internet und anderer Ablenkung sowie mangels administrativer Notwendigkeit in einer bürokratisch-komplexen durchorganisierten Gesellschaft (Stichwort: Steuererklärung) – viel mehr Zeit zur Beschäftigung mit – das der zweite Punkt – Musik fast ausschließlich ihrer Epoche. Und schließlich: was bedeutet Perfektion in der Musik, in der Kunst ohne geistiges Verständnis? Intonation (in Verbindung mit dem auch instrumentenbedingt schlankeren – und verschmelzungsfreudigerem – Klang), Zusammenspiel und die unauflösbare Verbindung von Ausführung und innerem Verständnis historischer Aufnahmen sind bei vorurteilsfreiem Hören unserem heutigen Niveau oft überlegen.

Beim Hören eines *Holländer*-Querschnitts unter Clemens Krauss wird die Faszination der Frühzeit für den Erzähler Wagner viel direkter erfahrbar als in Studioproduktionen der letzten Jahrzehnte. In seiner Unmittelbarkeit war das das Action- und Thrillerkino vergangener Zeiten.

Die steile These, die Musiker früher waren nicht schlechter, sondern im Gegenteil den heutigen überlegen, sprengt den Rahmen des Vorliegenden, aber immerhin könnten doch die Probleme, die Rudolf Kolisch im Sommer 1939 hatte, die vakanten Stellen in dem nach ihm benannten

---

[29] Nach: *Bayreuther Dramaturgie*, hrsg. von Herbert Barth, Stuttgart, 1980.

Kolisch-Quartett nach seinen Vorstellungen zu besetzen, zu denken geben: conditio sine qua non war bisher für Kolisch gewesen, auswendig zu spielen – in der alten Besetzung mehr als 60 Werke. Die infrage kommenden Bewerber brachten eine Qualität ins Spiel,

> »...die in den USA sehr geschätzt wurde und die Kolisch früher nie wollte: die des ›schönen‹ Klangs. [...] Leider musste Kolisch einsehen, daß Veissi[30] wohl nie die Freiheit der Gestaltung, die durch Auswendigspielen ermöglicht wurde, erreichen würde, denn er hatte keine Lust, ernsthaft und womöglich länger als drei Stunden täglich zu proben« (Claudia Maurer Zenck).[31]

Kolisch selbst fragte sich verzweifelt: »Was sonst kann ein Mensch denn machen, als Quartett zu spielen?«[32]

Deckel

Schließlich soll nicht vergessen werden, dass zumindest für *Parsifal*, je nach Standpunkt auch für den *Ring des Nibelungen* das Bayreuther Festspielhaus ein authentisches Instrument darstellt.

> »Die Dämpfung des Klanges – ermöglicht durch die Einrichtung des verdeckten Orchesters – diente der unmißverständlichen Deutlichkeit... Die damit vollzogene Rückstufung der Musik ... war ein Opfer, das zu bringen Wagner augenscheinlich bereit war« (Egon Voss).[33]

»Zweites Wunder. Mehrere feinhörig Geborene verlieren beim Schmiedechor ihr Gehör und werden allseitig beglückwünscht.«

---

[30] Von A. Schönberg vorgeschlagener Bratscher, der aber »mindestens einen Monat üben [müsse], um sich in Form zu bringen«. (Nach: *Österreichische Musikzeitschrift*, Heft 11/1998).
[31] *Österreichische Musikzeitschrift*, Heft 11/1998.
[32] Nach: *Österreichische Musikzeitschrift*, Heft 11/1998
[33] Egon Voss, »Die Dirigenten der Bayreuther Festspiele«.

Abbildungen

Karikaturen: aus einem zeitgenössischen Bilderbogen (19. Jhd.) Darmsaitenfabrik: Berlin, *Atlantis Magazin*, Heft 11. November 1934, , Leipzig; *Serpent und Ophicleïde: Goldene Klänge im mystischen Grund,* Koehler & Amelang, 2013, © Museum für Musikinstrumente der Universität Leipzig.

Boris Brinkmann studierte Cello sowie bei Christof Prick in Hamburg Dirigieren und war von 2006–2014 Ensemblemitglied an den Wuppertaler Bühnen, zuletzt als Kapellmeister. Er dirigierte u. a. das Wuppertaler Sinfonieorchester, die Hamburger Symphoniker, die Bergischen Symphoniker, das Ahrensburger Kammerorchester, die Kammer-philharmonie Graz, die Sinfonietta Wuppertal und an der Opera Stabile der Hamburgischen Staatsoper. 2013 gewann Boris Brinkmann den Dirigierwettbewerb des Int. Dirigierkurses Graz als erster Dirigent, der sowohl die 1. als auch die 2. Runde gewinnt. Von 2006 bis 2012 unterrichtete er an der Hochschule für Musik Köln, seit Mai 2014 an der KUG. Boris Brinkmann beschäftigt sich mit der Aufführungspraxis der Musik der Romantik und Spätromantik sowie der Wiederentdeckung – insbesondere aus ideologischen Gründen – vernachlässigten Repertoires wie z. B. in der DDR geschriebener Musik.

Victor Nefkens:
From Bearskin to Men's Suit, Or:
From Deutschtum to Oikophobia

A Critical Reflection on the Changing Looks of Wagner Singers During the Twentieth Century and Beyond

Introduction

The looks of Wagner singers have changed significantly during the twentieth century. While early Wagner singers appeared on stage wearing shields, helmets and bearskins in order to portray Germanic gods and heroes, contemporary singers most often appear in men's suit, portraying inhabitants of a demythologized, disenchanted world of everyday experience. Although this practice of updating operatic masterpieces concerns the entire Western operatic canon, the changing appearance of Wagner has an ideological significance that is unparalleled. This is due to the association of the composer with German nationalism. After the Second World War a tendency arose to reckon with the supposedly proto-Nazi ideology of Deutschtum that Wagner would embody, and this is a tendency that still lingers today. After Germanic elements had been banned from the stage in the post-war years, Wagner's works underwent a radical makeover that increasingly started to show a derisive, mocking attitude toward their original signification.

The purpose of this paper is to provide insight into the ideology behind this artistic practice. To this end, I will explore the changing ideological landscape in the nineteenth and twentieth centuries in relation to the changing looks of Wagner singers, arguing that this changing appearance coincides with a cultural tendency of oikophobia, a term used by Roger Scruton to refer to the cultural elite's inclination to repudiate its own (European i.e. Western) culture and praise alien ones.[34] I will focus mainly on the appearance of characters from *The Ring* and how they change in the context of the Bayreuther Festspiele. This particular context, as we shall discover, is not only key to understanding the original meaning of *The Ring's* Germanic look; it is also the key to understanding why it was done away with after World War II and why Wagner singers (and productions at large), look the way they do, not only in the Festspielhaus but in opera houses everywhere in Europe.

---

[34] Roger Scruton, *England and the Need for Nations*, 2004, p. 33–38.

Wagner's Cosmopolitan Deutschtum: The Meaning Behind the Appearance of Germanic Myth in *The Ring*

Let us begin by taking a look at the appearance of singers in Wagner's own time, starting off in 1876 when the Bayreuther Festspiele opened with the first complete performance of *The Ring*. During this time, Wagner himself was still in charge as festival director, and his artistic aim was to resurrect Greek tragedy. And yet, Amalie Materna (as the first Bayreuth Brünnhilde), Georg Unger (as Siegfried), Gustav Siehr (as Hagen), and Franz Betz (as Wotan), among other singers, appeared on the stage as Germanic heroes and deities. In order to bring Greek tragedy back to life, Wagner drew on the *Nibelungenlied*, the Völsunga saga, and Eddic poems; Germanic, Icelandic and Nordic mythology. Why did he use these sources, and why did he subsequently choose Germanic mythology costumes for his singers? To answer this question, we have to gain insight into Wagner's artistic ideal and achieve a proper understanding of the latter's penchant for Greek tragedy.

In Wagner's eyes Greek tragedy was the greatest art form ever invented by man because it managed to successfully integrate elements of the individual art forms into full dramatic performances. Furthermore, tragedy drew on myths which profoundly illuminated the cultural consciousness of the Greeks. Tragedy, Wagner believed, was the mirror of the nation; the Greek and his art were one. Yet there was one grave mistake the Greeks had made. Greek tragedy merely represented the Greek people and not humanity as a whole. The Greeks owned slaves who they did not consider as equal to themselves and who were not represented by Greek art. Thus, Greek tragedy, representing a particular people, was not a universal art. According to Wagner »the artwork of the future« was not supposed to be the expression of a single nation but of all mankind. And because the universal can only be found in human nature and not in any particular culture, the artwork of the future – the Wagnerian Gesamtkunstwerk – had to be the expression of something that is purely human, which is feeling. Music is therefore central to the Gesamtkunstwerk as it does not express concrete things but can give voice to universal feelings and emotions. Hence the notion that the Wagnerian drama, as the rebirth of Greek tragedy, had to be born »out of the spirit of music«. Only then the Wagnerian drama could be the expression of all mankind. And as such the music drama would be able to acquaint the listener with the true being of the world; the ultimate reality behind the world of appearances – a reality that Wagner would ultimately conceive of as »the will to live.«

The identification of the will as the ultimate reality, the ultimate truth of the world, and the idea that the Gesamtkunstwerk was a means to discover this truth, has an important moral significance that Wagner derived from Schopenhauer. The latter argued that there is only one ultimate reality, namely the indivisible will as the root cause of all the suffering in the world in which each and everyone is united. This insight reveals that the separation between the self and the other is an illusion; an illusion that prevents the individual from seeing the things and his connection with his fellow beings the way they really are. Egoism and the pursuit of one's own will at the expense of others are the result of the imagined separation between the individual and the collective. This separation is virtually undone by Wagner's Gesamtkunstwerk-technique: the ending of the separation between the human and instrumental voice, between aria and recitative, between the sounds of different instruments, resulting in the typical Wagnerian Mischklang – it expresses the elimination of the delusion of self. The moral lesson speaking from this Gesamtkunstwerk-technique is: learn to see the connection with your fellow beings.

Wagner deemed it essential to present this ethical code on stage. The composer believed that mankind had degenerated over time and had lost touch with this connection. But by looking at the music drama the spectators could rediscover it. To this end, every act, every gesture, and every note produced by the singer-actors had to be expressed with a view to performing the work as a unified whole. Precisely due to the subordination of the parts to the whole, each and every part could come into its own. The singers had to pronounce their words as clearly as possible so that the drama could be understood as a whole, but also because otherwise their individual voices would dissolve in the music. The idea was that every voice, every musical part, every scenic element, could only fully exist when it, in every step of the process, would be aimed at the whole of the work with the purpose of establishing unity. It is for this reason that the singers were not allowed to separate themselves from the rest of the cast by directly addressing the audience, so as to draw attention to themselves and to distract attention from the whole. Instead of the audience, the singers had to focus on their interlocutors, meaning the other actors, because the dialogue, according to Wagner, formed the unique basis for a dramatic performance. It was essential to depict the drama as realistically as possible. Emotions were to be expressed naturally and all sorts of theatrical and bombastic gestures were to be omitted. The audience was supposed to feel as though it had been watching a natural interaction between people. Only in this way the spectator would be able to identify himself with the characters on stage, feel compassion for these characters and hence become »knowing through compassion«, meaning that he would discover the truth about our existence: the will to live in which we are all one. But, again, to be capable of achieving this effect, it was imperative for the music drama to be lifelike, to display real-life dynamics.[35]

It may seem contradictory that Wagner took his subject-matter from myth. Mythology, after all, is ahistorical and contains supernatural elements. But Wagner argued that myth is also and precisely realistic in that it illuminates the experience of what it means to be human. Germanic myth was pre-eminently capable of illuminating the human experience, Wagner believed. Germanic gods, for instance, contrary to their Greek counterparts, become morally guilty. It is for this reason that the Germanic gods are confronted with the end of everything, their own mortality and their own decline. Whereas Greek gods are immortal, Germanic gods face the Ragnarök: the annihilation of their world. This resonated with Wagner's adherence to the philosophy of Feuerbach in which gods and their qualities are seen as projections of our own human nature. Germanic myth is very close to this train of thought since it places emphasis on the qualities of gods and heroes with which we see ourselves intimately connected. Therefore Germanic myth reflects real life.

Although Germanic myth was seen as the pathway to the universal, the purely human, Wagner himself was not really satisfied with the *Ring* production of 1876. The characters almost disappeared into the scenery that was considered to be too abundant, just as the looks of the characters who were dressed in multiple layers of bearskin, eagle feathers, buffalo horns, hatchets, swords and spears. When Malwida von Meysenbug used her opera-glasses during the 1876 performance, Wagner allegedly would have said to her: »Don't look so much at what is going on. Listen!«[36] The inner world of the drama was what Wagner wanted to display, and the abundant stage imagery, inspired by standard nineteenth-century depictions of Nordic mythology (such as those by, for example, Wilhelm von Kaulbach[37] and Peter Nicolai Arbo[38]), prevented the audience from beholding that inner essence. A far more abstract and less particular, that is to say less Germanic, presentation was what

---

[35] See Wagner's article »Das Bühnenweihfestspiel in Bayreuth 1882«, in which the composer reflects on the first performance of *Parsifal* in Bayreuth as well as the premiere of the *The Ring*.
[36] Gerald Abraham, *»Slavonic and Romantic Music«: Essays and Studies*, 2013, p. 319.
[37] E.g. Siegfried's fight with the Dragon, 1848.
[38] E.g. *Valkyrie*, 1864.

Wagner ultimately had in mind, and yet, seemingly paradoxically, Wagner believed that his *Ring* was German par excellence. His dedication of *The Ring* to Ludwig II of Bavaria declared: »Im Vertrauen auf den deutschen Geist entworfen« (»Composed out of confidence in the German Spirit«).[39]

It is important to understand, however, that this spirit was not the spirit of Bismarck's Second Reich. Wagner's understanding of Germanness was not political but primarily artistic. Having been born in the early nineteenth century, Wagner had grown up in a divided country, among philosophers and poets who distrusted political means and who believed that national unity could only be achieved through the spiritual products of the German people; the common language, religious traditions, music, art, philosophy. Because of their home country's disunity, the Germans were more or less forced to adapt a somewhat introspective view of life which allegedly enabled them to grasp and illuminate the purely human. The means to discover the purely human was German art and as such German art was a means to unify mankind. Germany, not as a political power but as a Kulturnation, was therefore considered as a promise of freedom. After all, while the French had betrayed the liberating promise of the French Revolution by conquering almost all of Europe, the German nation demonstrated that unity could be achieved without political and military power, namely through culture and art. Thus it was art that defined Germany and not politics or state, as Hans Sachs's final words in *Die Meistersinger* well illustrate: »Even should the Roman Empire dissolve in mist (which it actually did in 1806 due to the French invasion) for us there would yet remain holy German art!«

German art was seen as the bearer of the German spirit, and this German spirit was the universal spirit of freedom. It was with confidence in this very spirit that Wagner had composed *The Ring* in which power is synonymous with evil. Taking this conception of Germanness into account, it is not surprising that the old Wagner did not feel at home in Bismarck's new German Empire. In a postscript to the essay *Was ist deutsch?* (1865), that was republished in 1878, Wagner described how his vision of Germanness did not resonate in Bismarck's new German Empire where he increasingly »felt odd«[40], concluding that he held himself »unqualified for further answering the question: was ist Deutsch.«[41]

---

[39] Ronald Gray, *The German Tradition in Literature, 1871–1945*, Cambridge 1977, p. 20.
[40] Richard Wagner, »What is German?«, in: *Art and Politics*, trans. William Ashton Ellis, 1995, p. 168.
[41] Ibid., p. 169.

The Germany Wagner cherished, after all, was in a sense imaginary, a spiritual realm inhabited by Goethe, Schiller, Mozart and Beethoven. Bismarck's Germany, on the other hand, was dominated by Realpolitik. National unity was not achieved by means of a spiritual bond but through »iron and blood«. This political development led to the eclipse of Wagner's Deutschtum and ultimately resulted in a perception of Germanic myth as a proto-Nazi element.

The Eclipse of Wagner's Deutschtum:
How Germanic Myth came to be seen as a Proto-Nazi Element

Wagner's notion of Germanness, as previously stressed, originated in the early nineteenth century; the Germany of Wagner's youth. But by the time that *The Ring* premiere took place, when Wagner was in his sixties, the notion of Deutschtum had lost most of its universal appeal. The late nineteenth century saw the rise of nationalist movements that espoused ethno-nationalism, anti-Semitism, anti-Slavism, and, among other things, hatred of Bolshevism, Marxism and communism. In an increasingly toxic political climate the so called Wagner cult came into being after the first Bayreuther Festspiele in 1876. But it was not before Wagner's death in 1883, that Bayreuth really turned into a bastion of ultra-nationalism and anti-Semitism. It started attracting figures whose names are inextricably linked with the National Socialist ideology and movement, such as the racialist thinker Houston Stewart Chamberlain. After his marriage to Eva Maria von Bülow in 1908, Chamberlain settled in Bayreuth where he, together with Cosima Wagner (1837–1930), gave an ethnic-nationalist twist to the Wagner cult.

Although Cosima interpreted Wagner's art in terms of »blood and soil« and sought to amplify the quintessentially German character of Wagner's art, her staging of *The Ring* (1896–1914) did not contain any proto-Nazi or crypto-Nazi elements. When we look at pictures of the 1896 performance, we find that the costumes of the singers involved (e.g. Hermann Bachmann as Wotan, Alois Burgstaller as Siegfried, and Ellen Gulbranson as Brünnhilde) were basically the same as the costumes worn by the cast members of the 1876 *Ring*. The very same Germanic mythology costumes, however, had taken on a whole new significance. In the context of Germany's social and political transformation, Germanic myth ceased to be a pathway to the purely human, and, instead, became an expression of the superiority and exclusivity of the German Volk.

This has forever changed the way we perceive Wagner's Germanness, moreover, because Bayreuth turned into a stronghold of National Socialism. Consequently, many critics have succumbed to the temptation to view the composer as the spiritual father of Nazism. By reviving Germanic myth through the Gesamtkunstwerk, so the argument goes, Wagner would have laid the foundation of the Nazi cult of race and nation with its massive rallies and pageants filled with references to a mythical German past. Heinz Tietjen's staging of *The Ring* (193–1942) in the Nazi years seems to confirm this assertion. The singers involved in his production (e.g. Frida Leider as Brünnhilde, Rudolf Bockelmann as Wotan, Max Lorenz as Siegfried, Marta Fuchs as Brünnhilde), after all, epitomized the Germanic look. But, as stressed before, the continuation of Germanic visuals did not entail a continuation of the original ideology behind these visuals. In the context of the Third Reich, with its central doctrine of the Aryan master race, the original signification of Wagner's Germanness became eclipsed. This hugely impacted the productive reception of Wagner's works in the post-WWII years. How?

The De-Germanization of *The Ring*: Wagner in an Age of Oikophobia

The post-war years were marked by a tendency among the younger generation to distrust one's cultural heritage. It was believed that the traditions and values of Western culture were inseparably linked to the sociopolitical adversities of the recent past. The first half of the twentieth century had been a concatenation of disastrous events: the First World War, the collectivist dictatorships, World War II and the Holocaust. A better future, therefore, could not be built on the past. It had to be built from scratch.

The reopening of the Bayreuther Festspiele in the summer of 1951 resonated with this cultural mood. The staging of *Parsifal* in what was called the »New Bayreuth« involved a radical break with the old performance tradition as Wieland Wagner stripped Wagner's work of all visual Germanic elements. Wieland's abstract and minimalist production of *Parsifal* (1951) as well as his production of *The Ring* (1951) and his production of *Die Meistersinger* (1956), which is known as »The Mastersingers without Nuremberg«[42], were cleansed of historical particularities. Through an interplay of emptiness, light and darkness, and by simplifying the costumes through which the characters appeared as symbols rather than mythic humanoids, Wieland demonstrated that these works are not necessarily in the service of German national myth, but that they can also disclose something transnational and timeless.

---

[42] Stephen C. McClatchie, »Performing Germany in Wagner's ›Die Meistersinger von Nürnberg‹«, in: *The Cambridge Companion to Wagner*, ed. Thomas S. Grey, 2008, p. 149.

With his De-Germanization of *Parsifal, Die Meistersinger* and *The Ring* Wieland had heralded a new era in Wagnerian staging where directors felt increasingly free to ignore Wagner's original stage directions and relocate the story to entirely different spheres and periods. Directors started to take Wagner's characters out of the mythic realm in which they originally move to place them into a world of everyday experience. The attempt to, in the words of Roger Scruton, »bring Wagner's dramas down from the exalted sphere in which the music places them, to the world of human trivia, usually to make a political statement,«[43] became a trend that still lingers today, a trend that is epitomized by Patrice Chéreau's centenary staging of *The Ring*.

In 1976 Chéreau took Wagner's *Ring* out of the prewar Germanic atmosphere as well as the symbolic ambience that Wieland had created after the war. Instead, he moved the action to the nineteenth and early twentieth centuries, from the beginning of the industrial revolution to New York in the years before the Wall Street Crash of 1929. The god Wotan was turned into a nineteenth century capitalist boss, the romantic Rhine got supplemented with a hydro- electric water-dam, and the Rhinemaidens were no longer mermaid-like but looked like street dwellers, shabby and hookerish. Yet the most significant image of the Chéreau-Boulez production appeared at the end of the *Ring* cycle, after Brünnhilde threw herself into the flames. The Gibichungs, depicted as factory workers, turned to the audience with a questioning gaze; a gaze betraying a sense of disorientation. The notion expressed in this scene, namely that the old world is lost, the present uncertain and the future unknown, applied to the social climate of the 1970s in which an ideology began to thrive that has been dominating Western culture ever since.

This ideology or frame of mind, that Jean-François Lyotard in 1979 described as »the postmodern condition«[44], entails the notion that the »grand narratives« that have dominated modernity are no longer credible. Teleological and overarching conceptions of history, Lyotard argued, can no longer be maintained in an age of mass communication. Gianni Vattimo, for one, has claimed something similar, namely that the development of mass media has led to »a proliferation of different world views whereby minorities of every kind take to the microphones and cultures and subcultures of all sorts step into the limelight of public

---

[43] Roger Scruton, *Modern Culture*, Bloomsbury, 2005, p. 69. Scruton here refers to Michael Tanner's *Wagner* (1996) in which Tanner, among other things, talks about the tendency among contemporary producers to »domesticate« Wagner.
[44] Jean-François Lyotard, *»La condition postmoderne«, rapport sur le savoir*, 1979.

opinion.«[45] According to Vattimo, this pluralism of worldviews has led to value relativism since it incites a type of thinking in which essence and authenticity no longer exist. In the postmodern context the grand narratives of old came to be seen as totalitarian and hence the idea that there exists something like an absolute truth became obsolete. No opinion or interpretation is more true than another; »what is true for me might not be true for you, so who am I to judge?« This became Western society's creed.

A creed, moreover, reflected by art. Abstaining from a central aesthetic tenet, from stylistic unity, the arts started to display a predilection for pluralism, inconsistencies, disorientation, deconstruction, and personal idiosyncrasies. Due to the reign of relativism, Western high culture lost its former authority and previous barriers between artistic levels got blurred. This encouraged artists to pursue an eclectic approach to the creation of their works. Since high culture was believed to be worn-out, the source of newness in art became pop culture. Pop culture was considered a reservoir for a wide array of alternative cultures representing a variety of social, cultural and ethnic interests. Although relativism was the motto, the stance toward Western high culture and art, however, was anything but free from the all too condescending habit of judging other customs and cultures. Western culture represented everything artists opposed: traditional values, conventional forms, aesthetic unity, established ways of thinking, and so on. Moreover, after the tragic experiences of the twentieth century with the horrors of Nazism, Western culture had lost its credibility. Western culture was a guilty culture; a culture of Christian crusades, imperialism, colonialism and genocide. And so, as artists sought to bring about a fundamental break with the past, the cultural heritage of the West was bound to be taunted, mocked and denigrated.And one felt that it deserved to be treated as such.

That Wagner's legacy received a radical makeover was no surprise. Wagner, after all, stands for everything that is suspect in postmodern culture: the monumental, religious awe, the epic quest for the Absolute, but most of all the intertwinement with Germany's sinful past. Allegedly grounded and immersed in this past, the way to reckon with the past wrongs in Wagner is to caricature and ridicule the content of the music dramas.

---

[45] Gianni Vattimo, *The Transparent Society*, trans. David Webb, 1992, p. 5.

In his 1994 to 1996 Covent Garden production of *The Ring*, Richard Jones depicted the *Rhinegold* as a bucket of women's shoes, put the Rhinemaidens in Latex nude suits and turned Wotan into the keeper of a lunatic asylum who, dressed in a white surgeon's goat, surgically removed his eye before the crowd. As Roger Scruton remarked about this particular production, »the producer strived to distract the audience from Wagner's profound message and to mock every heroic gesture.«[46]

Like Covent Garden, Bayreuth too cordially invited provocative Regietheater artists to take on Wagner. In 2004 Germany's enfant terrible, the late Christoph Schlingensief, was invited to the Grünen Hügel to stage Wagner's swansong: *Parsifal*. The director plunged his audience into an ocean of signs, symbols, pop-art objects and media images that did not seem to correlate with each other; images of Haus Wahnfried and the Palazzo Vendramin in Venice (where Wagner died) were combined with images of a rotting hare consumed by flies, worms and maggots, and two men castrating and/or masturbating each other. But more significantly, Schlingensief delivered a multicultural spectacle. The stage was swarming with totemic objects from Namibia and Nepal, as well as symbols derived from Tibetan Buddhism, Freemasonry and the Maya civilization. The Grail knights were not uniform but appeared as a group of unrelated individuals with different ethnic and cultural backgrounds. In 2006, Schlingensief also added Arabic motifs to his production. Herewith he responded to the centuries-old *Parsifal*-tradition as both Wolfram von Eschenbach and Wagner implemented Arabic/oriental elements in their texts. But while in their texts these exotic motifs are present as details, as mere embellishments, the Arabic elements played a much more prominent role in Schlingensief's production since the whole stage was covered with Arabic signs and symbols, including an Arabic translation of a passage from Hölderlin's Hyperion. Kundry even appeared as an al-Qaida warrior, dressed in a black, militant costume (similar to what ISIS fighters are wearing nowadays) with which a political twist was given to the production, as it referred to the conflict between Radical Islamism and the West. The Islamization of originally Western elements on stage, like Hölderlin's Hyperion, mirrored the ever growing presence of Islamism in today's Europe, although it is unlikely that this is something Schlingensief wished to critically address. Kundry, however, did not only represent an al-Qaida warrior. Her appearance was not fixed but transfigured constantly. The one moment she appeared in a graffiti-smeared garment, the other

---

[46] Roger Scruton, »Desecrating Wagner«, in: *Prospect Magazine*, 20. April 2003.

moment in an elegant evening dress, after which she effortlessly transformed into an African women to appear once more in a serene white robe. Like Kundry, the other protagonists also transfigured constantly, each of them showing a variety of cultural backgrounds.

Schlingensief's approach has been viewed by some as Buddhist as he seemed to have displayed the transience and insignificance of outward appearances.[47] However, the director strikingly enough chose to ignore the Christian symbolism that played such an important role in Wagner's original. While a world community was brought on stage, the Christian, say Western members were barely represented. Although Amfortas and Parsifal both appeared in white garments that could have been worn by Jesus himself, further associations with Christianity remained absent. The most important symbol of the Bühnenweihfestspiel, the holy grail, was nowhere to be seen, and also the dove, symbol of the Holy Spirit, was banned from the stage. This staging of *Parsifal* by the alleged rebellious Schlingensief, therefore, perfectly reflected the prevailing ideology of our current age that cultivates an aversion to one's own oikos, one's own home, that is to say an aversion to one's own cultural heritage. The following anecdote underlines this attitude: when Endrik Wottrich, who sang the title role, distanced himself from Schlingensief's Africanization of *Parsifal* in defense of the work's true cultural roots, he got accused by the director of racism.[48]

Roger Scruton, whom we have mentioned before as an outspoken critic of what he calls »the desecration of Wagner«[49] uses the word oikophobia in his book England and the Need for Nations (2004) to refer to today's »intellectual and political elites repudiating their inheritance and home.«[50] Oikophobia, as the opposite of xenophobia, stands for being affectionate towards foreign cultures and hostile towards one's own culture that is deemed inferior. Scruton observes that this is typically a leftist frame of mind that dominates the academic establishment (and the cultural elite at large) that is prone to disregard sacred things and labels the cultural traditions that we have inherited as oppressive.[51]

---

[47] See, for example, P.M. Bortnichak and E. A. Bortnichak, *Bayreuth as Bardo: Schlingensief's Parsifal Production*, 2013, watch online:
https://www.youtube.com/watch?v=OFhKiK0t_6M.
[48] »Ich bin Widerstandskämpfer«, in: *WELT AM SONNTAG*, 2004:
https://www.welt.de/print-wams/article114094/Ich-bin-Widerstandskaempfer.html.
[49] See Roger Scruton, »Desecrating Wagner«, in: *Prospect Magazine*, 20. April 2003.
[50] Roger Scruton, *England and the Need for Nations*, 2004, p. 36.
[51] See also Roger Scruton, *»Fools, Frauds and Firebrands«, Thinkers of the New Left*, 2015.

It should be argued that this conception of oikophobia applies to contemporary Wagner productions, too. Today's Wagner productions reflect a culture of self-denial; a culture that lacks self-confidence, lacks direction, and loathes its own heritage. Bayreuth *Ring*-productions (as well as those of Wagner's other works) in recent decades are perfectly in sync with this tendency. Alfred Kirchner's *Ring* (1994–9), Jürgen Flimm's Millennium production (2000–4) and Tankred Dorst's *Ring* (2006–10) were all characterized by stylistic confusion and travesties meant to defy *The Ring's* original mythological landscape.

With the latest Bayreuth *Ring* by Frank Castorf (2013–17) this anti-Wagnerian praxis is skillfully maintained. Domestication and desecration are once again the keywords to describe the spectacle on stage. *Das Rheingold* is set in a motel, a bar and a petrol station, shrouded in flashy colors, therewith creating a shallow, plastic sort of pop-culture atmosphere in which furniture is thrown around and liquids are wildly sprayed all over the place. And not only the setting is ridiculed, also the characters who appear in the guise of pimps, whores and criminal gang members and whose faces, moreover, are occasionally smeared with mustard, oil and other substances. And on top of that Mime's dead body is dishonored as Siegfried empties a garbage can over him. Siegfried, once a Germanic hero, is now deprived of all heroic qualities and portrayed as a ruthless psychopath, a mere basket case whose key moments in the drama get structurally mocked, such as his love duet with Brünnhilde that is accompanied with copulating crocodiles. Dramatically, of course, these crocodiles signify nothing. But what they do signify is the disoriented state of Wagner productions today—a state which is best illustrated by the grotesque döner-kebab booth occupying the stage in *Götterdämmerung*; a twilight of our gods and heroes indeed.

Which brings me to my conclusion. And this is a conclusion in light of the current state of Europe, which means that I will address a number of political issues in passing.

To observe that Castorf's *Ring*-production reflects our age of oikophobia is one thing, but to answer the question as to why this would actually be undesirable is yet another. My answer would be that Wagner, due to such productions, ceases to be relevant to the contemporary world. After all, the ideology of self-denial and ceaseless self-criticism that has been ruling the social and political climate in Europe for decades now has begun to take its toll in recent years. Oikophobia goes hand in hand with a structural attack on the nation state by means of ever-increasing European political integration. This is why Euroscepticism is on the rise like never before and why many people feel they lost their national sovereignty. Many people don't recognize their countries anymore. They are concerned that they are losing their oikos, their home.

This tendency coheres with the rise of nationalism in today's Europe. We are seeing tensions between different nation states and social tensions within the multicultural nation states between different cultural, ethnic and religious groups, most notably between natives and people with an Islamic background. Radical Islamic terrorism has become a day-to-day reality of life for Europe's citizens. And the fact that radical Islamic forces in Europe have been given the chance to thrive is precisely due to the reigning »down with us« mentality.

This notion should not be disregarded because it determines our view of the world, our political decisions, and consequently our social reality, particularly in Germany that, moreover, as the most powerful country in Europe today, decides Europe's fate. Thilo Sarrazin, for one, has pointed out – and this caused a storm of controversy – that Germany supports the Euro, even though it undermines the German economy (the deutschmark, so it is argued, would be better for Germany), to make amends for the Holocaust.[52] This notion similarly applies to Chancellor Angela Merkel's insistence to pursue an open border refugee-policy even though it jeopardizes society. And similarly, this notion applies to the contemporary approach to Wagner.

As I have pointed out, it has been a guilty conscience that lies at the heart of the removal of Germanic visuals that started with Wieland Wagner and which has led to the current anti-Wagnerian production culture that directors like Schlingensief and Frank Castorf represent. However, what was meant as a reckoning with the Nazi past, what was meant to make amends for the so called link between Wagner's Germanness and Nazism, has now – in the context of today – become an adherence to a root cause of the current problems in Europe, namely oikophobia. Castorf's *Ring* is not anti-conformist, as it makes believe, but highly conformist; it validates the status quo and therefore it has nothing new, interesting and valuable to say.

How then, could Wagner be more meaningful in the current situation? I propose that we revisit Wagner's cosmopolitan Deutschtum. As I

---

[52] See Thilo Sarrazin, *»Europa braucht den Euro nicht«: Wie uns politisches Wunschdenken in die Krise geführt hat*, 2012.

elaborated in the first part of my talk, the ideology of Germanness stands for emphasizing the culture of one's own oikos while simultaneously demonstrating the universal connection of human beings with each other. This idea is highly valuable and relevant today. After all, it rejects an »oikophobic« denial of self and exclusive focus on otherness, but it also rejects a blind and intolerant praise of one's own identity and the refusal to look beyond one's own borders. Wagner's Germanness, therefore, defies today's status quo where oikophobia and bigoted identity-thinking (in the form of nationalism, a new wave of anti-Semitism, and Islamism) radically oppose each other. It provides a new view of the world, a new social reality and a new artistic reality.

Does this mean that we should drop the men's suit and go back to the bearskin, the helmets and swords? Certainly not. As I have pointed out, for Wagner Germanness stood for the pursuit and ability to fathom the feeling behind the action, the inner cause of the action, the inner world of a character. And in that inner world, within oneself, one can find the universal connection to the other. And so, the notion of freedom, central to *The Ring*, starts in the self, which implies that the preservation of freedom starts with the preservation of self, and thus the preservation of one's oikos.

The question as to how this idea could lead to new forms of staging Wagner, and new looks for Wagner singers is not something that I set out to answer. The purpose of this paper is merely to propose a general framework that we can use to develop an interpretation of the contemporary appearance of Wagner. Moreover, as I am sure that not everyone will agree with the critical interpretation that I have presented, the framework in question might lend itself well to open debate about the meaning of Wagner today and the possible ways in which this meaning could be rendered. But this, above all, is a creative challenge for artists, directors, singers – for anyone involved in bringing Wagner to the stage.

Victor Nefkens Kunstuniversität Graz, Institute of Musical Criticism and Aesthetical Research. Victor Nefkens is a PhD student focusing on the philosophical debate about the ideological content of Wagner's music dramas. He received his M.A. in Musicology from Utrecht University in 2011 and his B.A. in Philosophy from the University of Leuven in 2012. Prior to entering the PhD program in 2014, Victor was a songwriter, producer and artistic manager of *The Wagner Experience*, a symphonic multimedia show on board of the world's first musical theatre freight ship.

Michael Rot:
Das Œuvre Richard Wagners im Gesangsunterricht einer Kunstuniversität

Richard Wagners Opern als Teil der Gesangsausbildung, brauchen wir das überhaupt? Können wir uns nicht mit Mozart, Haydn, Donizetti und Rossini zufrieden geben? Stellt die Beschäftigung mit Wagners Musik ein Risiko dar, oder bieten Wagners Opern vielleicht auch Chancen in der Ausbildung?

Im Zusammenhang mit dem Wagner-Repertoire drängen sich zwei Fragen auf: Welche besonderen Fähigkeiten sind zur Interpretation notwendig; und was kann man andererseits aus dem Studium von Wagner-Partien an allgemeinen Fähigkeiten lernen? Die unverwechselbare Symbiose zwischen Sprache und Musik, die Wagner in seinen Musikdramen schuf, die unauflösliche Verbindung von Sprache, Rhythmus und Harmonik ist die Basis von Wagners Schaffen. Zu den erforderlichen Fähigkeiten gehört also vorrangig ein perfekter Umgang mit der deutschen Sprache. Das heißt jedoch nicht unbedingt perfekte Aussprache. Deutsch als Muttersprache ist keine Voraussetzung. Deutschsprachige mit unterentwickelter Sprachbegabung meistern die Anforderungen oft weniger erfolgreich als sprachbegabte Ausländer. Ein gutes Gehör, grundlegende Sprachbegabung und gutes, bis ins letzte Detail rigides Coaching können die Muttersprache problemlos ersetzen. Überhaupt wird die Muttersprache für die Ausführung größerer Gesangspartien häufig überschätzt. Alltagssprache, Bühnensprache, und erst recht Gesangssprache unterscheiden sich oft erheblich. Für die Anwendung als gesungene Sprache brauchen Deutschsprachige meist genauso viel Coaching wie andere.

Wagners einzigartiger Umgang mit der Deutschen Sprache beginnt bei dem verwendeten Wortschatz und geht hin zu den Stabreimen, der ganz besonderen Theatralik und der poetischen Überhebung der meisten Formulierungen. Das aber sind inhaltliche Fragen, Fragen der Gesamtkonzeption einer Aufführung, sehr stark in der Verantwortung des Regisseurs. Was ich hier beschreiben möchte, ist die sprach- und gesangstechnische Gestaltung des vorgegebenen Textes. Und genau in diesem Bereich erfordert Wagners Musik einen weitgehend speziellen Umgang mit der Sprache. Grund dafür sind einerseits die überdurchschnittlich langsamen Tempi, andererseits die Forderung, jedes einzelne Wort verständlich ans Publikum zu bringen.

Kann man bei so mancher Rossini-Koloratur oder den Spitzentönen von *Traviata* über *Tosca* bis Königin der Nacht eine Ausrede präsentieren, warum der Text unverständlich bleibt, so beraubt uns Wagners Kompositionstechnik dieser Möglichkeit. Es gibt immer genügend Zeit zur Aussprache, und keine Koloraturen oder schwer erreichbare Spitzentöne verschleiern a priori Vokale und Syntax. Man kann Wagner tatsächlich so singen, dass jedes Wort verstanden wird. Es gibt keine Ausrede. Die Langsamkeit des musikalischen Geschehens ist aber nur zum Teil eine Hilfe; sie birgt Gefahren und Tücken. Nun ist Deutsch zwar im Großen und Ganzen eine eher langsame Sprache, verglichen zum Beispiel mit dem Italienischen. (Auch wenn die Teenager in der Wiener U-Bahn gerne versuchen das Gegenteil zu beweisen, in der Mailänder U-Bahn sind sie immer noch schneller). Obwohl also Deutsch eine verhältnismäßig langsame Sprache ist, sind Wagners Tempi von der Alltagssprache immer noch weit entfernt, auch von der Bühnensprache der Schauspieler. Damit gewinnen wir aber nur scheinbar Zeit für die Aussprache, denn neben der Sprache brauchen wir auch den Klang. Es ist nun einmal so, dass Konsonanten keine oder nur sehr geringe Schwingungsfähigkeit haben. Die Schwingungen, die wir für die Durchdringung des Raumes benötigen, können wir nur mit Vokalen erzeugen. Jeder einzelne Ton muss daher so lange wie möglich auf dem Vokal verharren, die Konsonanten werden in kürzest möglicher Zeit, aber deutlich hörbar dazwischen gesetzt. Das Training für diese Technik ist leider weitgehend aus der Mode gekommen; und so bekommen wir immer öfter Wagner-Sänger vorgesetzt, die entweder mit exzellenter Aussprache keinen Klang erzeugen, folglich im Orchesterklang untergehen, oder sich mit Forcieren zu retten versuchen (Publikum und Kritik beschweren sich hernach über den Dirigenten und das zu laute Orchester.) – oder andererseits Sänger, die mit an die Vokale gebundenem Legato ihre Stimme zum Klingen bringen, ohne dass wir je erfahren werden, ob sie wirklich deutsch singen. Schließlich gilt es, einen unendlichen, scheinbar ununterbrochenen Stimmfluss zu erzeugen, obwohl er doch in Wahrheit dauernd von Konsonanten unterbrochen wird. Zudem muss man auch die Grundgestik der deutschen Sprache bewahren, also kurze und lange Vokale vortäuschen, wo alle Noten gleich lang sind. Es gilt, die Betonungsstruktur zu simulieren, die zwar bei Wagner immer der musikalischen Gestik entspricht, aber durch die Langsamkeit des Geschehens oft Gefahr läuft, den Zusammenhalt zu verlieren.

Grundvoraussetzungen für das Funktionieren der Sprache bei Wagner sind also eindeutige, klare, technisch offene Vokale, die über die Dauer ihres Klanges absolut unveränderliche bleiben, und die ihren Status an

Offenheit, ihre Klangcharakteristik und die sogenannte Vokalfarbe bereits in der ersten Millisekunde ihres Erklingens erreicht haben. Ein sich langsam entwickelnder Vokal zerstört jede Möglichkeit auf Textverständlichkeit. Entwickeln dürfen sich die Töne, aber nicht die Vokale. Das wiederum bedingt schnelle, deutliche Konsonanten, die das Gefühl vermitteln, auf der endlosen Vokallinie zu tanzen, anstatt diese zu unterbrechen. Hinzu kommt die Notwendigkeit absoluter, also hundertprozentiger Präzision im Rhythmus.

Nun ist Rhythmus bei anderen Komponisten nicht unwichtig, aber die Bedeutung der Präzision ist bei Wagner ebenso wie bei Brahms erheblich größer als etwa bei Richard Strauss. Während Brahms aus seinem Stilverständnis heraus ständig Melodien und Begleitung gegeneinander verschiebt, synkopisch voneinander absetzt, und somit die Präzision ein notwendiger Teil des Kontrapunktes ist, zeigt sich der grundlegende Kompositionsstil Wagners wesentlich einfacher und geradliniger. Aber seine Instrumentationstechnik, mittels derer er seine Akkorde zum Flimmern bringt, diese hintergründige, an der Oberfläche kaum erkennbare Kontrapunktik, ist pures Gift für jede Stimme, die sich nicht exakt und präzise an die Freiräume hält, die Wagner ihr zugedacht hat. Genau an dem Punkt, wo er eine Gesangsnote notiert hat, und nur in diesem präzisen Moment öffnet sich im Orchester die Lücke für die Stimme. Den Bruchteil einer Sekunde später ist sie wieder verschlossen und von Nebenstimmen überlagert. In Wotans Abschied am Ende der Walküre setzen die beiden kontrapunktischen Gegenstimmen im Orchester immer genau eine Sechzehntel und Achtel nach Wotans Tönen eins. Bei mangelnder Präzision wird die Hälfte seiner Stimme Ton für Ton von den immer neu einsetzenden Streichern verschluckt. Wer aber einmal die Wagnersche Sprachtechnik beherrscht, wird feststellen wie unglaublich leicht und unkompliziert plötzlich der Umgang mit der Sprache etwa bei Schubert oder Bach sein kann.

Neben sprachlicher Kompetenz ist die Mittellagenkompetenz ebenso ausschlaggebend für die korrekte Interpretation von Wagners Werken. Kein anderer Opernkomponist führt die Singstimmen so konsequent in der Mittellage, immer zwischen dem oberen und unteren Übergangsbereich, unter beinahe vollständiger Aussparung von Spitzentönen, bzw. des oberen und unteren Randbereiches. Keine hohen Noten, das macht die Sache doch erheblich einfacher, könnte man einwenden. Dabei wird aber vergessen, dass hohe Töne eine Befreiung sein können. Der Verzicht auf Spitzentöne ist nur scheinbar eine Erleichterung; die Gefahr, sich im Übergangsbereich fest zu fahren, ist enorm groß. Denkt man an Wagnerstimmen, dann denkt man an große und laute Stimmen, an Durchhaltevermögen und an Mittellagenkompetenz. Aber was bedeutet das in der Realität? Können wir den Begriff »groß« in Bezug auf Stimmen auch definieren; und welche Relevanz haben messbare Dezibelwerte?

Es ist völlig verfehlt zu behaupten, es wäre prinzipiell anstrengend, gegen ein Orchester anzusingen. Die Größe des Orchesters hat für das Durchsetzungsvermögen der menschlichen Stimme wesentlich weniger Relevanz als gemeinhin angenommen. Selbst kleine Ensembles, sogar einzelne Instrumente können eine Stimme zudecken, während gerade Wagner-Opern oft mit Orchester leichter zu singen sind als mit Klavierbegleitung. Es geht also nicht um oberflächlich erkennbare Lautstärke, auch nicht um die Menge der vom Orchester produzierten Töne, es geht um Schwingungen, und zwar um einzelne Eigenschaften der Schwingungen.

Jeder von Instrumenten oder der menschlichen Stimme erzeugte Ton hat ein spezifisches akustisches Gewicht. Entscheidend dafür ist seine Obertonstruktur. Die unterschiedliche Amplitude von Obertönen innerhalb der immer gleichen Obertonreihe führt dazu, dass in der Regel Holzblasinstrumente wesentlich mehr akustisches Gewicht aufweisen als Streicher, während Blechbläser wiederum doppelt so viel Gewicht haben wie Holzbläser. Deshalb verwenden wir im Orchester auch bis zu 18 erste Violinen oder 6 Kontrabässe, aber weder 18 Klarinetten noch 6 Basstuben. Eben diese Basstuben und Posaunen haben die erfolgreichste Obertonstruktur aller Orchesterinstrumente. Oft ist es für einen Posaunisten gar nicht so leicht, nicht solistisch aus dem Gesamtklang herauszustechen, während ein Sologeiger diverse Tricks anwenden muss, um überhaupt wahrgenommen zu werden. Auch die menschliche Stimme hat ein klar definierbares, je nach Stimmtyp unterschiedliches akustisches Gewicht. Es gibt aber keine einzige Stimme, die auch nur annähernd an das akustische Gewicht einer einzigen Posaune oder Trompete heranreicht, oder gar an ein ganzes Orchester. Dieser Problemkreis betrifft natürlich jede Oper, bei den Werken von Richard Wagner kommt aber ein Aspekt hinzu. Neben den teils dicht und voll instrumentierten Passagen wird einem bei Wagner bald auffallen, wie oft das Orchester eigentlich pausiert – auch über längere Strecken –, oder wo nur einzelne Instrumente den Sänger begleiten. Das klingt unkompliziert. Was könnte es Einfacheres geben als zu singen, ohne vom Orchester gestört zu werden? Wer so denkt, vergisst, dass es neben dem akustischen Gewicht einzelner Instrumente auch einen Basisklang des Gesamtwerkes gibt. Das heißt, jene Passagen, in welchen das gesamte Orchester spielt, geben die grundlegende und für das ganze Werk geltende Raumfüllung vor, an die sich das Ohr des Zuhörers gewöhnt. Sobald das Orchester pausiert oder auf wenige Instrumente reduziert wird, liegt es einzig am Sänger, den Raumklang aufrecht zu erhalten. Schafft er das nicht, bricht der Klang zusammen. Das Ohr des Publikums braucht Zeit zur Umstellung, und so könnten die orchesterlosen Passagen an den Zuhörern vorbeigehen, ohne wirklich wahrgenommen zu werden. Die Aufrechterhaltung der Raumfüllung, also des akustischen Gesamtgewichtes ist ein wesentlicher Grund, warum Wagner-Partien schwieriger zu interpretieren sind, als ein flüchtiger Blick in die Noten vermuten lässt.

Darin besteht dann auch der wesentliche Unterschied zwischen einem Accompagnato-Rezitativ bei Mozart oder Rossini und beispielsweise König Markes Monolog aus dem 3. Akt des *Tristan*. In beiden Fällen singen die Sänger weitgehend alleine, das Orchester hat vorwiegend Pausen und unterstützt oder leitet nur mit wenigen Akkorden. Die Aufrechterhaltung des Raumklanges stellt bei der Musik des 18. Jahrhunderts jedoch kein Problem dar, da die gesamte Klangstruktur eine geringere Dimension hat. Paradoxerweise ist damit die Größe des Orchesters vor allem dann maßgeblich, wenn es nicht spielt, und der Sänger auf sich allein gestellt ist.

Dasselbe Problem wie bei Wagner findet sich übrigens in der Operette, nämlich am Übergang von größeren Musiknummern zu Dialogen. Abgesehen von den Schwierigkeiten, die Sänger in der Regel mit gesangsloser Sprache haben, kommt auch hier die Aufrechterhaltung der Raumfüllung hinzu. Einige Sekunden Pause nach der Musiknummer können dem Publikum Zeit geben, sich auf die wechselnde Akustik einzustellen. Dieser Trick steht uns bei Wagner nicht zur Verfügung. Die Musik läuft gnadenlos weiter und der Sänger ist der akustischen Falle ausgeliefert. Auch unerfahrene Sänger spüren die Diskrepanz, reagieren darauf aber häufig mit erhöhter Lautstärke. Genau darum geht es aber nicht; es geht um das, was ich die »Durchdringung des Raumes« nenne, das »Ausfüllen des Raumes«. Was das Publikum hört, und wie es das Gehörte empfindet, hängt nicht von den Dezibelwerten der Stimme ab, sondern nur von der Qualität der Schwingungen. Für das subjektive Hörerlebnis sind außerdem noch einige Parameter ausschlaggebend, die sich physikalisch nur schwer festmachen lassen. Vor allem die Fragen, woher die Stimme kommt und auf welchem Weg sie zum Ohr des Zuhörers findet. Kommt die Stimme subjektiv gesehen direkt vom Mund des Sängers, wird sie nicht raumfüllend sein; erst wenn sie aus der Mitte des Körpers zu kommen scheint, wird sie ein Teil des Raumes. Eine Stimme, die den Weg zum Publikum auf schmalem Pfad nimmt, wie entlang eines dünnen Fadens, wird anders empfunden als Töne, die gefühlt von allen Seiten auf den Zuhörer einströmen. Diese Durchdringung des Raumes in der Praxis zu erreichen und damit dem Orchester scheinbar akustisches Gewicht entgegen zu halten, muss das Ziel jedes Gesangsunterrichtes sein. Müssen wir uns aber deshalb mit Richard Wagner auseinandersetzen? Genügt es nicht, den Unterricht mit Rossinis und Mozarts Opern zu gestalten. Birgt nicht der Umgang mit dem Wagner-Repertoire enorme Risiken?

Ich denke, die Risiken bestehen sehr wohl – und dennoch plädiere ich für den Umgang mit Wagners Musik im fortgeschrittenen Stadium der Gesangsausbildung. Selbstverständlich kann man mit Wagner-Partien eine Stimme überfordern – besonders eine junge Stimme, daran möchte ich keinen Zweifel lassen. Das Durchschnittsalter der Studierenden ist in den letzten Jahrzehnten erheblich gesunken, ebenso das durchschnittliche Einstiegsalter in professionelle Engagements. Dieser auch viele andere Branchen durchziehende Jugendwahn wirkt sich in der Gesangsausbildung besonders negativ aus, da wie bei kaum einem anderen Beruf die körperliche Reife berücksichtigt werden muss – eine genetisch bedingte Entwicklung, die sich nicht beeinflussen lässt. Das Hauptrisiko im Umgang mit dem Wagner-Repertoire liegt dennoch bei der Konzentration auf Lautstärke. Sie ist nicht nur als physikalischer Parameter ohnehin irrelevant für die Durchsetzungskraft der menschlichen Stimme; Lautstärke ist im Zuge der Gesangsausbildung überhaupt unerheblich. Ebenso gefährlich ist die Vernachlässigung des Atems. Das langsam fließende Appoggio, wie ich es in den 70er Jahren kennen gelernt habe, scheint ziemlich aus der Mode gekommen zu sein. Selbst unter den Stars der Opernszene findet man die perfekte Balance zwischen Spannung und Lockerheit im Atem nur noch selten. Schnelle Passagen, besonders Koloraturen, überhaupt kürzere Noten kann man – leider – auch ohne funktionierenden Atem und ohne durchgehenden Energiefluss singen. Es klingt dann zwar etwas weniger gut, ist aber inzwischen allgemein akzeptiert. Vielleicht ist das ja mit ein Grund, warum die Tempi in fast allen Aufführungen immer schneller werden. Es ist eine wunderbare Ausweichstrategie, um sich nicht zu sehr mit dem Atemfluss auseinandersetzen zu müssen. Hinter langsamen, ausladenden Phrasen der oberen Mittellage kann man sich nicht so gut verstecken. Die Kontrolle über den Atem wird zur Überlebensfrage. Somit bieten sich im Œuvre von Wagner vielfältige Chancen, die Atemkontrolle, das Appoggio, ausgiebig zu trainieren. Die Funktionsweise der Atembasis lässt sich meiner Meinung nach im Detail und präzise nur bei langen Tönen oder langsamen Phrasen überprüfen. Bei schnellen Passagen, in raschen Musikstücken kann auch das geschulte Ohr über fehlende oder mangelhafte Atembasis getäuscht werden. Man kann Wagner nur mit funktionierendem Atem singen, oder mit erheblichem Druck auf Atem und Stimmbänder. Wer seinen Körper nicht in lockerer Energie auf stabiler Atembasis in Schwingung versetzen kann, wird kläglich scheitern – oder mit massivem Druck die fehlenden Schwingungen simulieren.

Als Richard Wagner die heute berühmtesten Werke seines Œuvres schuf, verwendete er die menschliche Stimme in bis dahin weitgehend ungewohnter Weise, obwohl er selbst das gar nicht so gesehen haben dürfte. Während seiner Arbeit am *Tristan* beruhigte er seinen ob der schwierigen Partien bereits verzweifelten Verleger mit dem Hinweis, dass ein Tenor aus *Fidelio* oder *Don Giovanni* das auch singen könne. Aus heutiger Sicht wären schon Florestan und Don Ottavio nicht in einem Atemzug zu nennen, geschweige denn zusammen mit *Tristan*. Einen kleinen Eindruck von der damaligen Aufführungspraxis mag uns die Tatsache geben, dass Ludwig Schnorr von Carolsfeld kurz nach seinem Erfolg als Tristan der Uraufführung ebenfalls den Don Ottavio sang. Dass er wenige Wochen später während einer Don Giovanni-Probe mit nur 29 Jahren verstarb, wird hoffentlich andere Gründe gehabt haben. Die Technik des Wagnergesangs stand erst am Beginn ihrer Entwicklung, deren Ende Wagner selbst gar nicht mehr erleben sollte. Seine zahlreichen schriftlichen Einlassungen definieren jedoch klare Ziele für die Interpretation seiner Werke. Natürlich sind die meisten Parameter der Gesangskunst dem Geschmack unterworfen und kaum objektivierbar. Zahlreiche Veränderungen der letzten Jahrzehnte gingen aber nicht von den Autoren und Interpreten aus, sondern entstanden aus mangelnder künstlerischer Kompetenz. Geldmangel und Unwissenheit führen häufig zu Fehlbesetzungen; beim Publikum entsteht ein Gewöhnungseffekt – und plötzlich werden Wagner-Partien weltweit auch von Leuten interpretiert, die vor 40 Jahren richtigerweise nur Tamino oder Despina gesungen hätten. Spätestens seit Josef Mertin und Nikolaus Harnoncourt können wir aber werkgetreue Aufführungspraxis nicht mehr ignorieren. Gerade einem Komponisten wie Wagner, der seine Ideen immer mit unendlicher Sturheit durchgesetzt hat, muss man interpretatorisch gerecht werden. Die Devise heißt Klang, Schwingungen und Klang – nicht Lautstärke, nicht Geräusch. Hörbarkeit alleine genügt nicht, wenn die Stimme den Raum nicht durchdringt.

Ein zuverlässiges Indiz für richtige Schwingungen ist das Vibrato. Paradoxerweise kann Vibrato sowohl ein Zeichen von Lockerheit sein als auch ein Zeichen von Verspannung. Das zeigt sich erst bei genauer

Analyse des Vibrato-Typs. Jeder musikalische Ton verändert fortwährend seine Tonhöhe, was wir als Vibrato wahrnehmen. Bei Instrumenten ebenso wie bei der menschlichen Stimme, nur computergenerierte Töne machen da eine Ausnahme. In der Regel empfinden wir aber nur ein gleichmäßiges Vibrato von eher geringem Ausmaß als angenehm. Das entsteht bei Sängern durch die perfekte Kombination aus Muskelspannung und schwingender Luft. Über- oder unterspannte Muskel lassen das Vibrato zu schnell, zu langsam oder auch zu ungleichmäßig werden. Ziel muss also ein Vibrato sein, dass weder den Eindruck des Zitterns erweckt noch eine allzu deutlich erkennbare Tonhöhenschwankung erlaubt. Abgesehen von der Geschmackskomponenente hat die Art des Vibratos bedeutende Auswirkungen auf die Tragfähigkeit der Stimme, auf die Raumfüllung.

Die genetische Disposition ist maßgebend für das Maximum an Schwingungen, die ein Körper theoretisch erzeugen kann. Dicke und Länge der Stimmbänder, Anordnung und Größe der Lufträume, Dichte der Knochen, und vieles andere, was uns die Natur mitgegeben hat, formen unser Instrument. Welche dieser Kapazitäten wie genützt werden, bleibt aber eine Frage der erlernten Technik. Sie allein ist entscheidend dafür, wie weit wir uns dem naturgegebenen theoretischen Maximum an Klang in der Realität annähern.

Was wir dann eine dramatische, große oder breite Stimme nennen, sind Schwingungen, die im Bereich der untersten Obertöne stark ausgeprägt sind. Als schmal oder leggero empfinden wir hingegen Stimmen mit schwach ausgeprägten tiefen Obertönen. Das hat nichts mit der Stimmlage oder der tatsächlichen Höhe der Noten zu tun, es geht einzig und allein um die Klangstruktur. Erfahrene Wagner-Sänger beschreiben ihr Zusammenspiel mit dem Orchester oft als ein »auf den Klang draufsetzen« oder ein »sich anlehnen ans Orchester«. Das ist subjektiv empfunden genau jene gegenseitige Verstärkung von Obertönen, die man erreicht, wenn man die eigenen Töne nach den unterstützenden Tönen des Orchesters ausrichtet. Unterstützung bieten vorrangig alle Instrumente, die deutlich tiefer sind als die eigene Stimme und eine breite Klangstruktur haben, wie die tiefen Streicher und Blechbläser, für Frauenstimmen auch die Hörner. Am Klang der tiefen, breiten Instrumente kann man sich wirklich anlehnen oder draufsetzen wie auf den Sockel einer Pyramide, um Verstärkung zu erfahren. Von höheren und vor allem schmal geführten Instrumenten wie Violinen, hohen Holzbläsern oder Trompeten sollte man sich absetzen, also nicht in deren Klangstruktur verfallen.

Und wiederum hat all das nichts mit messbarer Lautstärke zu tun. Sie allein bringt keine qualitativen Schwingungen, sondern kostet nur Energie. Viel zu oft werden laut wirkende Stimmen viel zu früh für Wagner, Puccini und Strauss eingesetzt, ohne zu hinterfragen, ob sie die anderen, oft wesentlicheren Parameter rollendeckender Interpretation erfüllen. Auch junge Stimmen können laut sein; das rechtfertigt aber noch nicht eine Einordnung ins dramatische Fach, bevor eine korrekte Gesangstechnik erlernt wurde. Das endet nämlich früher oder später in grenzenloser Überforderung; meist früher als später.

Laute Töne, die im Übungszimmer scheinbar die Wände einstürzen lassen, sind vielleicht ein Hinweis auf eine Wagner-Stimme, aber kein Beweis. Was letztendlich zählt, sind die Schwingungen, die in der letzten Reihe des Zuschauerraumes ankommen, die dafür aufgewendete Energie und die allgemeine körperliche und stimmliche Reife der Studierenden. Ein Sänger mit mittelgroßer Stimme, der mit einem Energieaufwand von 80 Prozent auch 80 Prozent seiner Schwingungen bis in die letzte Reihe übertragen kann, wird für das Fach wesentlich besser geeignet sein, als jemand mit großer Stimme, der nur 50 Prozent seiner Stimme auf Entfernung transportieren kann und dafür 100 Prozent seiner Energie aufwenden muss, die ihm im Verlauf des Stückes ohnehin ausgehen wird. Als Pädagoge ist man gefordert, Schwingungen zu identifizieren, die sich nicht vom Orchester verdecken lassen, und unser Körper kann lernen, diese Schwingungen zu produzieren. Es wird einleuchten, dass jene Schwingungen eine größere Chance auf Durchsetzung haben, die möglichst viele Lufträume und Muskelfasern des gesamten Körpers in Vibration versetzen. Jeder einzelne Muskel und jeder der zahlreichen Lufträume im Körper reagiert anders auf die Stimmbänder. Aus unterschiedlichen Formen der Mischung dieser Klangräume erklären sich die Begriffe »große« oder »kleine« Stimme, »dramatisch« und »lyrisch«, oder wie ich gerne sage »breit« oder »schmal«.

Ich bin also sehr wohl der Meinung, dass das Repertoire von Richard Wagner seinen Platz im Gesangsunterricht hat, und zwar nicht nur für jene Sänger und Sängerinnen, von denen man annehmen kann, sie werden später in diesem Fach reüssieren. Für beinahe alle Stimmtypen kann die Auseinandersetzung mit Wagner erhebliche Fortschritte im Umgang mit der eigenen Stimme bringen. Wir können die Studierenden nicht wirklich lehren, Wagner zu singen, dazu sind sie zu jung. Aber wir können mit ihnen alle Parameter üben, die sie später dafür benötigen: Und wir können sie anleiten, genau diese Kenntnisse und

Fähigkeiten schon bei ihren frühen Auftritten mit Werken von Mozart bis Rossini einzusetzen und weiter zu üben.

Generell hat die Beschäftigung mit Wagner, wie beschrieben, großartige Auswirkungen auf den Umgang mit der Deutschen Sprache, und das unabhängig von der Muttersprache, also auch für Deutschsprachige. Das Appoggio, die Mittellagenkompetenz und Ökonomie des Energiehaushaltes sind ebenfalls Trainingsgebiete, die sich mit Wagners Œuvre anbieten.

Jene Studierenden, deren Stimme sich tatsächlich Richtung Wagner-Repertoire entwickelt, brauchen vor allem eines – Zeit, viel Zeit. Der Weg dorthin führt über viele Zwischenstationen und ist bis zum Erreichen des Zieles nicht kalkulierbar. Ich bin der festen Überzeugung, dass es nicht möglich ist, vor dem 30. oder 33. Lebensjahr seriös festzustellen, ob Sänger und Sängerinnen in ihrer persönlichen und stimmlichen Gesamtheit in der Lage sein werden, Wagner-Partien rollendeckend zu interpretieren. Die notwendige körperliche Reife stellt sich oft erst gegen das 40. Lebensjahr ein. Viele hervorragende Wagner-Sänger haben ihre Karriere in einem tieferen Stimmfach begonnen, andere im lyrischen Fach. So gibt man der Stimme die Möglichkeit, ohne Überforderung und ohne Forcieren sich langsam zu entwickeln und zu reifen. Wer behauptet, Mozart, Bellini oder die ganze französische Frühromantik nicht singen zu können, weil die Stimme zu groß sei, dessen Atemsteuerung erscheint mir bereits fragwürdig und bedarf einer dringenden Korrektur. Lassen wir uns bitte nicht von der Lautstärke mancher Organe täuschen, ebenso wenig von der lyrischen Zurückhaltung einer 22-jährigen Stimme. Ich habe ebenso oft sogenannte große Stimmen kläglich scheitern gesehen wie scheinbar kleine Stimmen, die sich spät entwickelten. Niemanden kann aber ein aufbauendes und vorbereitendes Training in der Technik und den Tricks des Wagner-Gesanges schaden. Die einen werden die erworbenen Fähigkeiten später dankbar für ihr Repertoire von Wagner, Strauss und Puccini nützen, die anderen werden die Welt mit verständlich und energetisch unbeschwert interpretierten Schubert- und Wolf-Liedern erfreuen. Abschließend möchte ich einige Partien und Szenen nennen, die sich meiner Meinung nach gut zum Training im Gesangsunterricht eignen. Dabei unterscheide ich Frühpartien, die man schon um das 30. Lebensjahr singen kann, und Spätpartien, die wesentlich mehr Reife erfordern.

Didaktisch brauchbare Frühpartien sind Loges Arie aus *Das Rheingold*, die Szene des David aus *Die Meistersinger* von Nürnberg und das Lied des Steuermannes aus *Der Fliegende Holländer*. Spätpartien, mit denen ich im Unterricht gute Erfahrungen gemacht habe, sind die Szene der Erda aus *Das Rheingold*, Waltrautes Erzählung aus *Götterdämmerung*, die Arie des Daland aus *Der Fliegende Holländer*, Wolframs Arien aus *Tannhäuser* und der Fliedermonolog des Hans Sachs aus *Die Meistersinger von Nürnberg*. Nicht zu vergessen natürlich die Wesendonck-Lieder, die zwar nicht mit Orchester komponiert sind, in ihrer Textur aber exakt dieselben Parameter aufweisen wie Wagners Opernszenen. Nicht zu Unrecht gelten die Wesendonck-Lieder auch als Vorstudien für die Komposition von *Tristan und Isolde*.

Prof. Dr. Michael Rot: Geboren in Wien; Studien in Klavier, Dirigieren, Komposition und Gesang in Wien und Mailand. Schwerpunkt der künstlerischen Tätigkeit von Michael Rot ist die Oper, zwischen 1976 und 1990 vor allem als Dirigent im In- und Ausland. Ab 1982 Erfolge als Komponist, vor allem mit den Opern *Die Propheten* (UA: Graz 1982) und *Faust III*. Seit 1976 Professor für Musikalische Interpretation am Institut für Gesang und Musiktheater der Universität f. Musik in Wien. Michael Rot erstellte zahlreiche Klavierauszüge, u.a. für die Neue Händel Gesamtausgabe, neue Klavierauszüge für *Carmen, Tosca, Falstaff, Boris Godunow* sowie viele zeitgenössische Opern von G. v. Einem, F. Cerha, K. Schwertsik u.v.a. Seit 1990 verstärkt wissenschaftliche Tätigkeit als Herausgeber der Neuen Johann Strauss Gesamtausgabe und der Neuausgaben von *Carmen, Tosca, Boris Godunow, Pique Dame, Falstaff*, der Symphonien von P. I. Tschaikowsky und zahlreicher anderer Werke in der Verlagsgruppe Hermann.

Ulf Bästlein:
»Was soll das sein? – Verdammtes Schrein!«

Betrachtungen zur Frage:
Ist »Wagnergesang« lehr- oder lernbar?[1]

Hörbeispiel 1: (*Tannhäuser*) Hermann Winkelmann (1849–1912) als Tannhäuser in einer Aufnahme von »Stets soll nur dir mein Lied ertönen«.[2]

Wir haben gerade Hermann Winkelmann (1849–1912) gehört, einen Sänger, mit dem Richard Wagner selbst noch gearbeitet hat, und zwar in der Rolle des Tannhäuser. Wagner nannte den Tannhäuser die »allerschwierigste meiner dramatischen Sängeraufgaben« (1868, Erinnerungen an Ludwig Schnorr von Carolsfeld). Winkelmann sang die 3. »Strophe« der sogenannten Hymne des Tannhäuser an Venus, einen besonders ungesanglichen Teil dieser wahnwitzig schwierigen Partie (1. Aufzug, Szene 2): »Stets soll nur dir mein Lied ertönen«. Er war der Parsifal der Uraufführung des gleichnamigen Werkes 1882 in Bayreuth und sang diese Rolle dort bis 1891. Im selben Jahr trat Winkelmann »auf dem Hügel« dann auch als Tannhäuser auf. Der Tenor nahm 1906 als Tannhäuser Abschied von der Bühne, und zwar in Wien. Die gerade gehörte Aufnahme entstand 1905. Der Sänger war also 56 Jahre alt.

Leider werden die Konsonanten teilweise gestoßen, aber der Klang ist enorm silbrig, obertonreich, obgleich ja bei den damaligen Aufnahmen viele Formanten gar nicht aufgezeichnet werden konnten!

Meine sehr geehrten Damen und Herren, liebe Kolleginnen und Kollegen, liebe Studierende – zunächst: herzlichen Dank für die Einladung, hier und heute über dieses Thema sprechen zu dürfen: »Ist Wagnergesang lehr- oder lernbar?« In die Freude mischt sich allerdings auch die bange Frage, ob ich einem so besonderen – wissenschaftlich bzw.

---

[1] Es handelt sich hier um die schriftliche Wiedergabe eines Vortrages. Der mündliche Charakter sollte erhalten bleiben und scheint deshalb noch an vielen Stellen durch.

[2] Hermann Winkelmann, »Stets soll nur dir mein Lied ertönen«, (*Tannhäuser*, 1. Aufzug, Szene 2), Aufnahme von 1905. Zu Hermann Winkelmann vgl. die interessanten Ausführungen von Arne Stollberg, die allerdings lediglich den deklamatorischen, nicht aber den klanglichen Aspekt seines Singens berücksichtigen: »... daß ich ihn unter dem Singen wirklich und deutlich sprechen ließ.« »Richard Wagner als Gesangspädagoge«, in: *Musikforschung der Hochschule der Künste Bern*, hrsg. von Claudio Bacciagaluppi, Roman Brotbeck und Anselm Gerhard, Band 2: *Zur musikalischen Aufführungspraxis im 19. Jahrhundert*, Schliengen 2009, S. 49–64.

künstlerisch hochkarätigen – Publikum Wesentliches oder Neues zu dieser komplexen Materie werde mitzuteilen haben. Meine Ausführungen sind nur »Betrachtungen«...

Wissen Sie, was »guter Wagnergesang« ist? Gibt es Parameter für »guten Wagnergesang«? Und wenn ja: welche? Jens Malte Fischer, einer der ausgewiesenen Wagner-Stimmexperten der letzten 20, 30 Jahre, meint: Ja! Und zwar seien es genau die Parameter, die Franziska Martienssen-Lohmann in ihrem Buch »Der wissende Sänger« – das ja in Sängerkreisen immer noch sehr bekannt und geschätzt ist – zusammengefasst habe. Diese Parameter (es sind im Grunde die des italienischen Belcanto) hätten Geltung für jede Art von Gesang.[3] Jürgen Kesting fasst diese Parameter folgendermaßen zusammen: »Das Missverständnis über den rechten Gesangsvortrag bei Wagner beginnt schon dort, wo von einem spezifischen Wagnergesang gesprochen wird. Es gibt nur eine einzige Grundlage für das Singen – ganz gleich, was gesungen wird –, nämlich korrekte Atmung, freie Tonemission ohne Anspannung zusätzlicher Muskeln, reine Aussprache der Vokale und klangvolle Formung der Konsonanten ... Wagner wollte italienische Stimmbildung mit deutscher Vortragskunst verschmelzen.«[4]

Stimmt man dieser bemerkenswerten Hypothese zu, dann müssten die genannten Parameter nachprüfbar und objektivierbar sein. Und man müsste auch einen Katalog erstellen können, in dem die Wagner-Heldensänger, die diesen Forderungen gerecht wurden oder werden, verzeichnet werden könnten.

Meine Damen und Herren: Jeder, der einmal unter den Kommissionsmitgliedern bei Gesangsprüfungen und unter den Juroren bei Gesangswettbewerben gewesen ist, weiß, dass es fast unmöglich ist, mehr verschiedene Meinungen und total kontroverse Urteile an einem Ort zu erleben. So einfach scheint es also nicht zu sein mit den allgemeingültigen bzw. akzeptierten ästhetischen Maßstäben, was »guten Gesang« betrifft. Die Ausgangsfrage meiner »Betrachtungen« lautet ja: Ist »Wagnergesang« lehr- oder lernbar? Dabei geht es freilich nicht um »Fast-Belcanto-Wagnerpartien« wie z.B. die des Wolfram, sondern um die Wagnerschen »Helden« und »Heldinnen«. Versuchen wir zunächst die Vorfrage zu klären, was denn überhaupt unter »gutem Wagnergesang« zu verstehen ist. Haben Kesting und Fischer recht? Dazu stelle ich zwei Fragen:

---

[3] Jens Malte Fischer, *Richard Wagner und seine Wirkung*, Wien 2013, S. 69–70.
[4] Jürgen Kesting, *Die großen Sänger des 20. Jahrhunderts*, Düsseldorf 1993, S. 234 u. 237.

1. Was hat Richard Wagner selbst eigentlich unter »gutem Wagnergesang« verstanden? Und hat sich seine Auffassung zu diesem Thema im Laufe seines Lebens verändert?

2. Ausgehend von der Historizität jedes ästhetischen Urteils, besonders des eigenen, ist die Frage zu stellen, ob wir überhaupt – sozusagen überzeitliche – Parameter für »guten Wagnergesang« benennen können, wie Jens Malte Fischer und Jürgen Kesting sie ja postulieren.

Nach dem Versuch einer Klärung dieser beiden Fragen möchte ich dann einer weiteren Frage nachgehen, die große Bedeutung für mein Thema hat. Und zwar: Wie haben sich die äußeren Rahmenbedingungen des Sängerberufs, besonders die eines »Wagnerhelden«, im Verlauf der letzten rund 150 Jahre verändert, und welchen Anteil daran hat das Werk Richard Wagners? Muss man heute junge Stimmen anders auf den Wagnergesang vorbereiten als vor 50, 100 oder 150 Jahren?

Was hat Richard Wagner selbst unter »gutem Wagnergesang« verstanden?

Ich werde hier nicht über den jungen Wagner sprechen, der noch ganz im Bann der italienischen Oper und des italienischen Belcanto stand, vielmehr über den mittleren und späten Wagner, der geeignete Sänger für seine eigenen großen Opernpartien suchte. Richard Wagner klagte bekanntermaßen immer wieder über seiner Meinung nach völlig unzulängliche Sänger: entweder seien sie vokal oder aber interpretatorisch mit seinen dramatischen Partien überfordert. Dabei war er in seiner Wortwahl nicht eben zimperlich: so schrieb er z.B. über Josef Tichatschek, den allerersten Tannhäuser der Operngeschichte, an Franz Liszt: »Weil Tichatschek diese stelle (schon vermöge seines unnatürlich kleinen Oberschädels!) nicht verstehen und ihren Inhalt nicht darstellen konnte, konnte er sie auch nicht – singen!« und weiter »dass gerade Tichatschek, bei der obstination seines wesens und der kleinheit seines gehirns, trotz seiner stimme überhaupt vieles nicht herausbrachte...«[5]

Aus vielen Briefen geht hervor, dass Wagner – vom Geld abgesehen – kaum eine größere Sorge hatte als die Suche nach den für seine Werke geeigneten Sängern. Schon in seinen Kapellmeisterjahren zwischen 1834 und 1837 beschreibt er die Aufgaben des dramatischen Darstellers. Dieser solle niemals eine Gesangspartie ausführen, der er nicht

---

[5] Richard Wagner an Franz Liszt, 29. Mai 1852, zit. nach *Tannhäuser, Texte, Materialien, Kommentare*, hrsg. von Attila Csampai und Dietmar Holland, Reinbek 1986, S. 137–138.

»physisch in Rücksicht auf Umfang, Klang und Atemkraft, technisch in Rücksicht auf die Beweglichkeit und psychisch in Rücksicht auf Ausdruck« gewachsen sei. Wagner hat hier schon früh die drei seiner Meinung nach wichtigsten Voraussetzungen für einen guten dramatischen Gesang benannt:

1. geeignete physische Konstitution
2. gute Gesangstechnik
3. große seelische Ausdrucksfähigkeit

Allerdings war beim mittleren Wagner diese eigene Erkenntnis aus den 30er Jahren offensichtlich in Vergessenheit geraten. Bei der Arbeit mit seinen Sängern wollte er in diesen Jahren möglichst rasch zu Punkt drei, nämlich der Ausdrucksfähigkeit, gelangen. Dabei scheiterte er allerdings immer wieder. Und dann konnte es dazu kommen, dass die Frage Beckmessers: »Was soll das sein? – Verdammtes Schrein!« durchaus berechtigt war. Über den bereits erwähnten Tichatschek schrieb der erboste Meister:

> »Tichatschek ... konnte auf ›erbarm‹ dich mein' die Note A nicht herausbringen!! Ich hab' nicht den 100sten theil von seiner stimme, bringe dieses A aber ganz famos heraus! Natürlich will dies ›A‹ aber nicht ›gesungen‹ werden, sondern mit allen nerven der Brust muß es herausgeschleudert werden, wie ein schwert, mit dem sich Tannhäuser ermorden will«.[6]

Vom Darsteller dieser Partie müsse er »ein gänzliches Aufgeben und Vergessen seiner bisherigen Stellung als Opernsänger verlangen«.[7]

Im Laufe seines Lebens sah Wagner dann aber – man ist versucht zu sagen: »durch Mitleid wissend« geworden – immer deutlicher, dass es sehr gefährlich sein konnte, zu schnell zu intensiven Ausdruck zu verlangen.

> »Lässt sich der Sänger von einem vorzubildenden Charakter überwältigen, steht er nicht mit der notwendigen Beherrschung über dem ganzen Gebilde seiner Darstellung: So ist gewöhnlich alles verloren. Man vergisst sich, man singt nicht mehr, sondern man schreit, schluchzt. Die Natur zieht dann nicht selten die Kunst aus, und der Hörer steht plötzlich, unangenehm überrascht, auf dem Markt.«[8]

---

[6] Ebd., S. 137.
[7] Ebd., S. 147: Richard Wagner, *Über die Aufführung des Tannhäuser*, 1852.
[8] Richard Wagner, in: *Pasticcio, Neue Leipziger Zeitschrift für Musik*, Jg. 1 (1834), Ausgabe vom 6. November (Teil 1), S. 251 (veröffentlicht unter dem Pseudonym »Canto Spianato«).

Also eine eigene Erklärung Wagners, wie es zu dem Phänomen des »verdammten Schrei'ns« kommt. In gefährlicher Zuspitzung hatte er allerdings selbst, wie vorhin erwähnt, immer wieder die These vertreten, dass die höchsten physischen Schwierigkeiten in seinen Gesangspartien allein durch das Wissen des Sängers um den richtigen Ausdruck überwindbar seien. Nach und nach musste Wagner aber begreifen, wie schwer zu erreichen gerade dieses Ziel war. 1875 äußerte er sich sehr selbstkritisch dem Gesangspädagogen Julius Hey gegenüber.

> »Also fort mit allem, was nach Schule schmeckt..... Denn was man sich unter der landläufig gewordenen Bezeichnung ›Sprachgesang‹ vorstellte, bezog sich schließlich nur noch auf ein kräftig gesteigertes Textsprechen, das den ungleichen Kampf mit dem Orchester zu bestehen hatte. Dass bei diesem unsinnigen Verfahren unzählige schöne Stimmen zu Grunde gingen, darf nicht Wunder nehmen. Das ging alles auf mein Konto.«[9]

Meine Damen und Herren: Die Bayreuther Festspiele kamen bekanntlich zustande. Bei einem viel bescheideneren Unternehmen jedoch scheiterte Wagner, nämlich bei der Einrichtung einer musikdramatischen Schule, die der Vorbereitung geeigneter Sänger auf die Realisation seiner Werke dienen sollte. Und das gleich zweimal – einmal 1865 in München und wiederum 1877 in Bayreuth.

Leider haben wir keine Aufnahmen des berühmten dramatischen Tenors Ludwig Schnorr von Carolsfeld (des Tristans der Uraufführung): Wagner schwärmte in den höchsten Tönen von dessen Tannhäuser. Dieser habe seine »innigste künstlerische Absicht durchaus verwirklicht«[10]. Allerdings berichten Zeitgenossen, dass Schnorr durchaus vokale Defizite gehabt habe. Zu dieser Zeit (1865) war Wagner offensichtlich noch dazu bereit, über stimmliche Probleme hinwegzuhören, wenn nur der dramatische Ausdruck angemessen war.

Als er 1875 mit den Vorbereitungen für die ersten Festspiele begann, klagte er gegenüber dem Gesangspädagogen Julius Hey: »Was hilft es

---

[9] Richard Wagner als Vortragsmeister, 1864–1876, *Erinnerungen von Julius Hey*, hrsg. von Hans Hey, Leipzig 1911, S. 150. Dass Hey die Bemerkungen Wagners in wörtlicher Rede aus dem Gedächtnis zitiert, sollte zwar zur Vorsicht beim Umgang mit dieser Quelle Anlass geben, stellt jedoch den Informationswert der Memoiren insgesamt nicht in Frage.

[10] Richard Wagner, »Erinnerungen an Ludwig Schnorr von Carolsfeld«, 1868, zit. nach: *Tannhäuser, Texte, Materialien, Kommentare*, hrsg. von Attila Csampai und Dietmar Holland, Reinbek 1986, S.152.

mir, wenn ich noch so schöne Noten schreibe und keinen Sänger finde, der sie zu singen versteht?«[11]

Wagner setzte lange Leseproben mit den Sängern an und glaubte, dass durch Sprachplastik die dramatische Wirkung der Sinnakzente gesteigert werde. Dann sollten die Deklamation und der Gesang verschmelzen. Aber er scheiterte gänzlich mit dieser Methode. Ich habe Ihnen bereits seine schonungslose Selbstkritik vorgelesen.

Eigentlich war es ja kein primär chauvinistischer, sondern ein höchst zeitgemäßer und sinnvoller Gedanke Wagners, dass eine deutsche Gesangsschule gegründet werden müsse. Ein Sänger muss nicht nur mit der Sprache, in der gesungen werden soll, vertraut sein, sondern er muss auch dazu in Lage sein, in ihr künstlerische Inhalte Klang werden zu lassen. Und bis dato gab es ja fast nur italienische Gesangsschulen. Die Schwierigkeiten für den deutschen Gesangsvortrag sah Wagner (zu Recht) in der Eigenart der deutschen Sprache. Dem »italienischen langgedehnten Vokalismus« setzt Wagner den »energisch sprechenden Akzent« des Deutschen entgegen. »Dass hierbei (bei der Ausbildung des deutschen dramatischen Gesanges (U.B.)) eine eigentliche Verkümmerung des Gesangswohllautes nicht aufkommen dürfe, versteht sich von selbst.«[12] Allerdings konstatierte er auch: »Das Modell des italienischen Gesanges .... ist auf die deutsche Sprache nicht anwendbar ... Die richtige Entwicklung des Gesanges auf der Grundlage der deutschen Sprache ist daher die gewiss außerordentlich schwierige Aufgabe, deren Lösung zunächst glücken muss.«[13] Dass die damaligen deutschen Sänger für den dramatischen Vortrag in seinem Sinne ungeeignet waren, führte Wagner also auf die »Bildung nach dem fremden Gesangstypus« und, als Folge, auf die Vernachlässigung und Entstellung der eigenen Sprache zurück. Er konnte jedoch nicht verstehen und erklären, in welchem Maße gerade gesungenes Deutsch von einer sinnvoll aufs Deutsche übertragenen italienischen Gesangstechnik profitieren kann und muss. Dies erschloss sich ihm offensichtlich erst in seinen letzten Jahren.

---

[11] Richard Wagner als Vortragsmeister, 1864–1876, *Erinnerungen von Julius Hey*, hrsg. von Hans Hey, Leipzig 1911, S. 53.

[12] Richard Wagner, Brief am 21. Februar 1861 vor der Pariser Aufführung des Tannhäuser an Albert Niemann, zit. nach: *Richard Wagner und Albert Niemann. Ein Gedenkbuch mit bisher unveröffentlichten Briefen, besonders Wagners, Bildern und einem Faksimile*, hrsg. von Wilhelm Altmann, Berlin 1924, S. 120.

[13] Richard Wagner, »Bericht an Seine Majestät den König Ludwig II. von Bayern über eine in München zu errichtende deutsche Musikschule« [1865], in: *Sämtliche Schriften und Dichtungen. Volks-Ausgabe*, Leipzig o. J. [1911–1914], Bd. 8, S. 135.

Richard Wagner war vieles zugleich: Musiker und Dichter, Intendant und Dirigent, Komponist und Theoretiker, aber eben kein Sänger. Und er war leider auch mit keiner Sängerin verheiratet wie Richard Strauss. Und dass Richard Wagner Cosima von Bülow geheiratet hat, sollte sich für die Entwicklung des Gesangsstiles in Bayreuth, wie allgemein bekannt ist, auch nicht als günstig erweisen. Nietzsche schrieb in »Jenseits von Gut und Böse« über Wagner, dieser gehöre zu den Künstlern, die man »Fanatiker des Ausdrucks, um jeden Preis«[14] nennen müsse. Was das Ideal des Wagnergesanges betrifft, gilt dies allerdings nicht mehr für den späten Wagner, der vielmehr die aus seiner Theorie gezogenen Fehlschlüsse, die zum übertriebenen, klangarmen Sprechgesang geführt hatten, zu korrigieren versuchte. Dies geht jedenfalls aus den Memoiren des vorhin bereits erwähnten Gesangspädagogen Julius Hey deutlich hervor (Richard Wagner als Vortragsmeister, 1864–1876).

Können wir »überzeitliche« Parameter für »guten Wagnergesang« benennen?

Hörbeispiel 2: Max Lorenz (1901 – 1975) als Tannhäuser in einer Aufnahme von »Dir, Göttin der Liebe, soll mein Lied ertönen«.[15]

Wie schade, dass wir Wagner nicht fragen können, wie er diesen stürmischen, unglaublich expressiven Tannhäuser beurteilen würde. Niemand hat – meiner Meinung nach – die Partie mit mehr Inbrunst und Gefühlsüberschwang als der große Max Lorenz gesungen. Hitlers Lieblings-Heldentenor sagte in einem Interview, das er in den 60er Jahren gab, ihm sei nichts wichtiger gewesen als der Ausdruck. Wagner schrieb 1852: »Tannhäuser ist nie und nirgends etwas nur ›ein wenig‹, sondern alles voll und ganz.«[16] Es steht zu vermuten, dass ihm diese Aufnahme gefallen hätte.

Hörbeispiel 3: Placido Domingo (* 1941) als Tannhäuser in einer Aufnahme von »Dir, Göttin der Liebe, soll mein Lied ertönen«.[17]

---

[14] Friedrich Nietzsche, »Jenseits von Gut und Böse«, *Nietzsche's Werke*, Bd. VII, S. 230, Stuttgart 1921.

[15] Max Lorenz: »Dir, Göttin der Liebe, soll mein Lied ertönen« (*Tannhäuser*, 2. Aufzug, Szene 4), Aufnahme von 1942.

[16] Richard Wagner, » Über die Aufführung des Tannhäuser«, 1852, zit. nach: *Tannhäuser, Texte, Materialien, Kommentare*, hrsg. von Attila Csampai und Dietmar Holland, Reinbek 1986, S. 143.

[17] Placido Domingo: »Dir, Göttin der Liebe, soll mein Lied ertönen« (*Tannhäuser*, 2. Aufzug, Szene 4), Aufnahme von 1989.

Was ist guter Wagnergesang? – Jede Beurteilung wird immer wieder vor dem Dilemma stehen, entscheiden zu müssen, was sie für wichtiger erachten möchte: Ausdruck oder freien, klassischen Belcanto-Gesang. Kaum ein Sänger hat beides in der Rolle des Tannhäuser zusammenbringen können. Lorenz entscheidet sich für Ausdruck, ist Tannhäuser, bleibt dabei dennoch fast belcantesk – insofern ein Glücksfall. Placido Domingo, den Sie zuletzt hörten, singt die Partie viel italienischer, legt mehr Wert auf die Linie, auf die Vokale, das Stimmliche, die Farbe, obwohl dies gerade bei dieser Arie kaum möglich ist (weshalb ich sie ja ausgesucht habe!). Die Aporie, vor der jeder Wagnersänger steht, lautet: Wieviel Ausdruck riskiere ich – auch wenn das Klangliche darunter leiden könnte? Hierzu würde ich jetzt natürlich am liebsten direkt Franz van Aken, einen der profiliertesten Tannhäuser unserer Tage, befragen.[18]

Der seit 1896 (und in den darauf folgenden 20 Jahren) führende dramatische Tenor an der Berliner Staatsoper, Ernst Kraus, der 1901 in Bayreuth als Sigmund debütierte, schrieb verzweifelt über die großen Heldentenorpartien Wagners:

> »Eine unmenschliche Aufgabe. Du mühst dich dein Leben lang um Phrasierung, Gestaltung, Durchschlagkraft - und wenn du meinst, endlich alles begriffen zu haben, ..., hast du keine Stimme mehr.«[19]

Stephan Mösch kommt zu dem Résumé:

> »Richtig dürfte ... sein, dass es stets höchst verschiedene Arten gab Wagner zu singen und dass die allgemeine, an anderen Parametern ausgerichtete Gliederung der Rezeptionsgeschichte dies verschleiert. Heterogenität prägt den Wagnergesang, seitdem es ihn gibt.«[20]

Meine Damen und Herren: Gilt dies nicht im Grunde für die vokale Realisierung aller Kompositionen? Ich meine: ja!

Das Bayreuth Cosimas war bekanntermaßen eher einem teilweise fragwürdigen Ausdruckssingen im Sinne von Deklamation verpflichtet. Die

---

[18] Franz van Aken nahm an der Veranstaltung teil und saß im Publikum.
[19] Ernst Kraus: mit diesen Worten warnte der führende Heldentenor des frühen 20. Jahrhunderts seinen Sohn vor einer Sängerlaufbahn. Zit. nach: »Helden an geweihtem Ort, Biographie eines Stimmfaches (Teil 2)«, *Wagnertenöre in Bayreuth (1884-1914)*, Trossingen/Berlin 2002, S. 219.
[20] Stephan Mösch, »Singendes Sprechen, sprechendes Singen – Aspekte des Wagner-Gesangs um 1900«, in: *Wagnerspectrum, Schwerpunkt: Wagner-Gesang*, hrsg. von Udo Bermbach, Dieter Borchmeyer und Hermann Danuser, 8. Jahrgang, Würzburg 2012, S. 10.

Ästhetik der Londoner, der MET- und der Wiener Intendanzen dieser Jahre bevorzugte eher einen Wagnergesang, der sich aus der italienischen Gesangsschule herschrieb. Heute ist es schwer, homogene Besetzungen zu finden, die einem gemeinsamen Klangideal zuneigen. Wagner betonte immer und immer wieder, dass für ihn der Ausdruckswille und die Ausdrucksfähigkeit seiner Helden das Wichtigste seien. Hohe Töne, so schrieb er einmal an Schnorr von Carolsfeld, müssten »nicht mit Stimme, sondern mit Enthusiasmus«[21] herausgebracht werden. Aus diesem Grunde zog er auch Schnorrs Tannhäuser dem Tichatscheks vor, obwohl Tichatschek vielen zeitgenössischen Berichten zufolge die schönere Stimme hatte und auch der bessere Sänger im technischen Sinne war. Wer wollte beurteilen, was die »richtige« Art war und ist, Wagner zu singen…

Wenn Sie im WWW auf das »Tamino-Forum« gehen, können Sie dort die Diskussionen selbsternannter Experten über Wagnergesang mitverfolgen. Auch einen Extra-Blog über Tannhäuser-Tenöre gibt es. Die Urteile unterscheiden sich gar nicht so sehr von denen der sogenannten Fachleute für Wagnergesang im akademischen Umfeld. Das heißt, es gibt keinerlei Einigkeit in der Beurteilung, weder für die jeweilige Stimmtechnik noch die Interpretation. Studio-Aufnahmen, Mitschnitte etc. werden verglichen, besprochen. Über die Volumina der verschiedenen Stimmorgane wird ungehemmt und oft ohne fachliche Fundierung diskutiert. Auch über Stütze, Stimmfluss, Stimmsitz etc. Man kommt als Sänger gar nicht mehr aus dem Staunen heraus. Die Internet-Blogger bleiben meist im Unverbindlichen, geben ein wenig damit an, welche Aufnahmen sie kennen, und plaudern über vermeintliche Vorzüge und Schwächen einzelner Sänger. Die Akademiker hingegen versuchen eifrig, Aufnahmen und Sänger zu systematisieren, beschreiben gern vermeintliche Stilrichtungen, konstruieren Gesangsepochen etc.

Der praktizierende Sänger wird oft den Kopf schütteln angesichts dieser Lektüre. Jeder, der selbst auf der Bühne oder dem Konzertpodium stand bzw. steht, weiß ja, von wie vielen Umständen, Zufälligkeiten die Qualität einer solchen Aufnahme abhängen kann, zumal bei Aufnahmen, die aus den ersten Jahrzehnten des letzten Jahrhunderts stammen. Tagesverfassung, Raumakustik, Aufnahmetechnik, Dirigent bzw. Pianist etc. – das alles findet natürlich wenig Beachtung.

---

[21] Richard Wagner, Brief an Ludwig Schnorr von Carolsfeld am 27. März 1865, zit. nach *Richard Wagner an Freunde und Zeitgenossen*, hrsg. von Erich Kloss, Leipzig 1909, S. 439.

Folgt man den Mainstream-Ausführungen des Feuilletons und der »Schriftsteller über Gesang« (die nur selten Sänger sind, aber sich sehr detailliert über gesangstechnische Fragen zu äußern pflegen), müsste man in lautes Klagen ausbrechen, was den aktuellen Zustand des Wagnergesangs angeht.

Hat aber wirklich ein so großer Wandel stattgefunden? Sind die heutigen Sängerinnen und Sänger nicht richtig vorbereitet für Wagners große Werke? War das früher besser?

Die Flut der Veröffentlichungen alter Wagner-Aufnahmen aus allen möglichen Archiven etc. wird immer unüberschaubarer! Ich maße mir wirklich nicht an, alle zu kennen, aber ich versichere Ihnen: es gab schon am Anfang des 20. Jahrhunderts Sänger, die Wagners große Partien leichter und solche, die sie schwerer bewältigten. Das belegen etliche Aufnahmen. Schon bei den frühen Aufnahmen fällt es schwer zu entscheiden, ob der eine oder andere Ton unfreiwillig oder mit Absicht einem gesteigerten Ausdruck geopfert wurde. Es hat eben immer schon ganz verschiedene Arten gegeben, wie Wagner gesungen wurde. Man vergleiche nur den ausdrucksbesessenen Max Lorenz mit dem Legato-Tenor Franz Völker.

Was als schön und richtig empfunden wird, ist ständig dem Wandel unterworfen. Und so – wenn wir ehrlich sind – auch unsere eigenen, ganz persönlichen ästhetischen Parameter. Nur sind die dramatischen Partien Wagners so kräftezehrend, dass sie die Aporie allen Singens – dieses Aufgespanntsein zwischen Ausdruckswillen und dem stimmerhaltenden Klangsingen – ganz besonders deutlich werden lassen.

Wie haben sich die äußeren Rahmenbedingungen des Sängerberufs im Verlauf der letzten rund 150 Jahre verändert? Welchen Anteil hat daran das Werk Richard Wagners?

Es hat sich enorm viel verändert! Ich versuche, stichwortartig eine Zusammenfassung zu geben, die aber keinen Anspruch auf Vollständigkeit erhebt:

A) Veränderungen durch Wagners Opern

- Die schiere Länge einiger Hauptpartien bei Wagner übersteigt alles vorher Bekannte.
- Der Duktus der Gesangsstimme ist oft vom Deklamatorischen her konzipiert. Diese spezifische Melodieführung erschwert (denken Sie an unser Tonbeispiel) ihre sängerische Umsetzung enorm. Mag es auch Ähnliches mitunter bereits bei Beethoven, Bach oder auch an-

deren Komponisten (Spontini, Weber, Berlioz) gegeben haben, so wird die Bewältigung dieser Art von Gesangspartien bei Wagner zu einer fast übermenschlichen Aufgabe.

- Die spezifische Tessitur vieler Wagnerpartien (viel Mittellage) kann schnell zu Überbrustung führen.

- Wagner verstärkt eine Eigenart der deutschen Sprache durch seine Stabreime, nämlich die häufig vorkommenden explosiven Konsonanten.

- Wagners unbedingtes Insistieren auf dem Ausdruckssingen und -agieren stellte die zeitgenössischen Sänger vor neue, große Aufgaben.

B) Allgemeine Veränderungen

- Die zunehmende Vergrößerung des Orchesters im Zuge der Romantik (natürlich auch bei Wagner) lässt die Orchester immer lauter werden. Dazu kommt heute noch, dass wenige Dirigenten gewillt sind, die Orchester zum leisen Musizieren zu animieren. Ich zitiere Jonas Kaufmann (in einem *Zeit*-Interview vom 3.1.2013): »Durch die Verstärkung des Orchesterklangs erleben wir eine Verschiebung in den Besetzungen. Der Mozart-Sänger von früher ist der Rossini-Sänger von heute, der Verdi-Sänger von früher ist der Mozart-Sänger von heute, der Wagner-Sänger von früher ist der Verdi-Sänger von heute. Was ist dann, um Himmels willen, der Wagner-Sänger von heute? – Nicht die stimmlichen Kapazitäten fehlen – die Ansprüche sind enorm gewachsen.«[22] – Wagner hatte natürlich Anteil an dieser Entwicklung!

- Auch die Veränderungen im Instrumentenbau haben die Orchester zusätzlich lauter werden lassen.

- Die Macht der Dirigenten: es gibt immer weniger Freiheiten für die Sänger, die bis dato ja üblich (und teilweise hilfreich) waren: Tempo, Rhythmus, oft auch den Notentext betreffend. Diese Einschränkung an »künstlerischer Freiheit« gilt spätestens seit Toscanini.

- Die Opernhäuser wurden Ende des 19. Jahrhunderts immer größer. Der Autor von *The Record of Singing*, Michael Scott, fordert, man müsse überall die Orchestergraben nach dem Bayreuther Vorbild überdachen, um endlich wieder einen lyrischen Gesangsstil (auch für Wagners Opern) einführen zu können.[23]

- Die zunehmende Spezialisierung: Es fällt auf: kaum schafft jemand den Tristan oder den Siegfried, singt er nur noch dieses Fach, und das weltweit! – Eine Lilli Lehmann war hingegen der Ansicht, dass

---

[22] Jonas Kaufmann, Interview in der Wochenzeitung *Die Zeit*, 3. Januar 2013.
[23] Michael Scott, *The Record of Singing*, Vol. 1, London 1977, S. 18.

wer nicht Mozart singen könne, auch Wagner gegenüber hilflos sei, und umgekehrt. Das Denken in Gesangsfächern hat zugenommen. Frida Leider sang zur gleichen Zeit Mozart und Wagner. Sie war aber die führende Wagner-Heroine ihrer Zeit im deutschsprachigen Raum – heute fast undenkbar. Und wenn wir uns noch einmal an Hermann Winkelmann, dessen *Tannhäuser*-Aufnahme ich Ihnen am Anfang vorgespielt habe, erinnern: auch er war keinesfalls auf Wagner spezialisiert: in Wien hat er 13 Rollen kreiert, nur eine stammte von Wagner (Tristan). Lilli Lehmann, die Nordica, Fremstadt, Destinn (Stars um 1905) wären nie auf die Idee gekommen, nur noch Wagner zu singen.

- Und heute: es gibt Sänger für Alte Musik, für Neue Musik, für das romantische Repertoire, dann weiter Verdi-/Puccinisänger – und eben Wagnerhelden.

- Der moderne Kammerton: Die heutige Stimmung der Orchester liegt bei ca. 440 Hz. (*A*), zu Wagners Zeit bei durchschnittlich 437 Hz. Verdi hat immer wieder für 432 Hz. plädiert. Richard Strauss kommentierte dies schon 1942 folgendermaßen: »Die hohe Stimmung unserer Orchester wird immer unerträglicher. Es ist doch unmöglich, dass eine arme Sängerin A-Dur- Koloraturen, die ich Esel schon an der äußersten Höhengrenze geschrieben habe, in H-Dur herausquetschen soll...«[24] Meine Damen und Herren: Für eine Stimme macht der Höhenunterschied von einem halben Ton enorm viel aus! Und dies gilt natürlich in ganz besonderem Maße für die z.T. gigantischen Wagnerpartien.

- Das Reisetempo: Durch die enorme Beschleunigung der Reisegeschwindigkeit sind einige Sänger quasi omnipräsent geworden. Früher gab es Wagnergesang in Bayreuth, an der MET, in Wien – und das mit deutlichsten Unterschieden, was die Besetzungen der Hauptpartien betraf. Die Reisegeschwindigkeit führt zu früher unbekannten physischen und psychischen Belastungen (Zeitverschiebung).

- Stichwort: »Modernes Operntheater«: Von den Sängern wird heute in szenischer Hinsicht sehr viel mehr gefordert als noch vor 40 Jahren oder gar zu Wagners Zeiten. Die oft enorme Verlängerung der Probenzeiten (neun Wochen sind keine Seltenheit mehr) führt dazu, dass viele Sänger schon vor der Premiere müde sind.

- Veränderte Hörerwartungen: Die akustischen Aufzeichnungen bis 1925 geben ja bekanntlich lediglich ein Klangspektrum bis zur Höhe von 2000–2500 Hertz wieder (eine Piccoloflöte etwa mit 5000 Hertz ist auf einer solchen Aufnahme gar nicht mehr hörbar): es werden also Obertöne abgeschnitten, was besonders die hohen Stimmen, aber in der Tiefe auch die Bässe betrifft. Und dennoch ist es sehr, sehr auffällig, wie silbrig und obertonreich die Sänger der frühen Auf-

---

[24] Richard Strauss am 11. November 194, in: *Harenbergs Musik-Kalender 2008*.

nahmen klingen. Denken Sie wiederum an Winkelmann und vergleichen Sie bitte seinen Klang mit dem Placido Domingos. Hier hat offensichtlich ein gewaltiger Wandel des Hörens, der Hörerwartungen stattgefunden. Man bevorzugt zunehmend ein dunkleres, weniger obertonreiches Singen.

- Ein anderes wichtiges Thema in diesem Zusammenhang: das Legato! Fehlt es, wird es heute nicht vermisst. Es wird im wahrsten Sinne des Wortes »nicht gehört« und existiert quasi nicht mehr als erwähnenswertes Phänomen.

Hörerwartungen werden unbewusst geprägt, entwickeln sich in der jeweiligen Klangwelt der eigenen Lebenszeit. In diesem Zusammenhang muss man natürlich auch die enorme Bedeutung ansprechen, die moderne technische Klangreproduktionsmedien auf die Entwicklung unseres auditiven Sinnes gehabt haben und haben. Die Wahrnehmung von Gesangsklängen hat sich sehr verändert. Es wäre mehr als wünschenswert, diese Phänomene umfassend zu erforschen. Sie betreffen natürlich nicht nur das Publikum, die Kritiker, sondern auch die Gesangslehrer und die Gesangsstudierenden.

Mir scheint, es ist eher ein Wandel des Hörens als ein Wandel des Wagnergesangs zu konstatieren. Es wäre wirklich interessant zu untersuchen, warum und wie sich die Sinneswahrnehmung und -erfahrung der früheren Jahrhunderte teils radikal von unserer heutigen unterschieden haben muss. Auch wenn es eine Reihe von biologischen Konstanten im Hören, Sehen, Schmecken, Fühlen und Riechen gibt, zeigen die genannten Beispiele, dass auch die Wahrnehmung und Erfahrung unserer Sinne dem gesellschaftlichen und kulturellen Wandel unterliegen. Eine »Geschichte des Hörens von klassischem Gesang« müsste geschrieben werden. Eine Musikuniversität wäre der ideale Ort, um ein solches künstlerisch-wissenschaftliches Forschungsprojekt durchzuführen...

Dies waren nur einige Stichworte zu dem großen Themenkomplex »Veränderungen«. Aber ich denke, es ist offensichtlich: Die Anforderungen an Bühnensänger sind in den vergangenen ca. 150 Jahren enorm gestiegen. Dies gilt natürlich wiederum in besonderem Maße für Wagnersänger. Und dementsprechend schwer ist es geworden, junge Sänger auf eine solche Bühnenlaufbahn vorzubereiten.

Zusammenfassung

- Richard Wagners eigene Vorstellungen, was das »richtige Singen« seiner Partien betrifft, haben sich im Laufe seines Lebens geändert, haben sich wohl ändern müssen.
- Es hat immer verschiedene Arten gegeben, Wagner zu singen – von Anfang an. Der Versuch, sozusagen überzeitliche Parameter für die Definition von »gutem Wagnergesang« statuieren zu wollen, erweist sich als überaus schwierig. Die Dichotomie »Ausdrucksgesang versus belcanto-orientierter Gesang« umschreibt das Problemfeld. Wir müssen uns der Historizität aller ästhetischen Urteile bewusst sein, auch unserer eigenen.
- Wir haben gesehen: Im Laufe der vergangenen 150 Jahre hat sich enorm viel für Opernsänger, besonders auch für Wagnersänger, geändert!

Die genannten Schwierigkeiten kommen natürlich nicht nur bei der Realisierung großer Opernpartien Wagners zum Tragen. Bei Wagner werden die Probleme nur besonders deutlich sichtbar bzw. hörbar – und zwar schon durch die schiere Länge seiner Hauptpartien und die spezifische Stimmführung (Stichworte: Tessitur, Stabreim etc.).

Kann man also heute Gesangsstudierende überhaupt gezielt auf Wagnergesang vorbereiten?

Erinnern wir uns an Wagners eigene Beschreibung der Voraussetzungen, die ein Sänger für diese Partien haben müsse. Er forderte:

1. Eine geeignete physische Konstitution.
2. Eine gute Gesangstechnik.
3. Seelische Ausdrucksfähigkeit.

Um es banal auszudrücken: Ich kann erst interpretieren, wenn ich die stimmlichen Mittel dazu habe. Andererseits bleibt ein Sänger, der nichts zu sagen hat, auch wenn er über eine perfekte Technik verfügt, nichts als eine »Schlagsahne spendende Kuh« (so einmal Cathy Berberian boshaft über Monserrat Caballé). Stimmbesitzer ohne Ausdruckskraft hat es seit der Existenz von Tonaufnahmen gegeben! Auch sie sind nichts Neues.

Ausdruckswille, der ja der Ausdrucksfähigkeit zugrunde liegen muss, lässt sich allerdings kaum erlernen: er ist – wie die physische Beschaffenheit eines Sängers – nur bedingt zu verändern, wohl aber mitunter sozusagen freizulegen. Dies muss mit einer geeigneten Gesangstechnik Hand in Hand gehen.

Unser Hören hat sich zweifellos geändert. Ich habe vorhin erwähnt, dass Obertöne, Formanten immer weniger wahrgenommen werden. Oder anders formuliert: man vermisst sie nicht. Und ich habe auch darauf hingewiesen, dass offensichtlich ein Fehlen von Legato immer weniger als störend empfunden wird. Dunkle, akzentuierende Stimmen sind gesucht.

Leider, leider ist der Deklamationsunterricht, den Wagner seinen Sängern angedeihen ließ, nicht akustisch überliefert. Aber nach Ohrenzeugenberichten muss es wohl in diese Richtung gegangen sein: Ulf Bästlein deklamiert mit übertriebener, exspirativer Skandierung, die die Konsonanten hervorhebt

»Stets soll nur dir, nur dir mein Lied ertönen Gesungen laut sei jetzt dein Preis von mir! Dein süßer Reiz ist Quelle alles Schönen, und jedes holde Wunder stammt von dir.«

Was passiert, wenn so deklamiert wird und diese Deklamation als Hinführung zu expressivem Singen verstanden wird?

1. Die deutschen explosiven Konsonanten werden nicht gestützt gesprochen. D.h. sie werden mit dem Appoggio (der Stütze) und nicht auf dem appoggio produziert; oder mit anderen Worten: mit einzelnen Atemstößen und nicht auf dem fließenden Atem!
2. Eine solche Deklamation führt zwangsläufig zum Verlust von Obertönen. Werden die vielen deutschen geschlossenen Vokale auf diese Weise sozusagen naturalistisch hervorgebracht, können die zur Bildung von Formanten so nötigen Resonanzräume nicht zum Klingen gebracht werden.

Die Bemühungen des mittleren Wagner um eine deutsche Gesangsschule, die zu mehr Textverständlichkeit und Expressivität führen sollten, sind – meiner Meinung nach – genau an der Nichtbeachtung dieser beiden Grundvoraussetzungen für ein tragendes, klingendes Singen gescheitert: nämlich der Notwendigkeit, möglichst viele Obertöne zu erzeugen und die explosiven deutschen Konsonanten in ein gestütztes Legato einzubinden. Wagners Ausdrucksfanatismus konnte dazu führen, dass aus einem intendiert expressiven Gesang ein deklamativer Sprechgesang zu werden drohte – »Was soll das sein? – Verdammtes Schrein!« Ohne schwingenden Klang kann jedoch kaum interpretiert werden, oder mit Wagners Worten: Ausdruck stattfinden.

Was Wagner selbst wollte, hat er so ausgedrückt: »In Bezug auf das musikalische Studium mit den Sängern habe ich nun im Allgemeinen folgende Bemerkungen mitzuteilen. In meiner Oper besteht kein Unterschied zwischen sogenannten ›deklamirten‹ und ›gesungenen‹ Phrasen, sondern meine Deklamation ist zugleich Gesang, und mein Gesang Deklamation.«[25]

Dann müsste es aber eigentlich so klingen:

Ulf Bästlein deklamiert klang- und legatoreich (mit »gestützten« Konsonanten):

> »Stets soll nur dir, nur dir mein Lied ertönen Gesungen laut sei jetzt dein Preis von mir! Dein süßer Reiz ist Quelle alles Schönen, und jedes holde Wunder stammt von dir.«

Nicht anders verhält es sich beim Singen.

Wahrscheinlich hat Wagner als Nichtsänger nicht wirklich darum gewusst, dass auch deutsche exspirative Konsonanten gestützt gesungen werden können, und dass geschlossene Vokale wie offene Vokale obertonreich produziert werden können. Die Kenntnis um diese fundamentalen Sachverhalte ist in den letzten 100 Jahren auch bei Dirigenten und Regisseuren nicht unbedingt gewachsen. Sie klingen simpel, aber sie umzusetzen oder auch nur zu hören: das dauert oft Jahre! Entschuldigen Sie diesen gesangstechnischen Exkurs!

Also haben Malte Fischer und Jürgen Kesting doch recht mit ihrer Hypothese, dass »guter Wagnergesang« immer auf den Gesetzen des klassischen italienischen Belcanto zu fußen habe? – Ja und nein, denn wie gesagt: Jeder Sänger wird nach Naturell und/oder mit voller Absicht, im Sinne einer intendierten Ausdruckssteigerung, jeweils zu entscheiden haben, wie oft und sehr er gegen diese Gesetze verstoßen will oder muss. Am Ende geht es darum, den Inhalten der Werke Ausdruck verleihen zu können.

Wir Gesangslehrer können junge potentielle Wagnerstimmen auf eine Bühnenlaufbahn nur sinnvoll vorzubereiten versuchen, wenn wir um all diese Sachverhalte wissen. Wir müssen dann versuchen zu erkennen, ob in einem jungen Sänger eine Wagnerstimme und Persönlichkeit stecken könnte, und diese gegebenenfalls mit Vorsicht enthüllen. Wir müssen versuchen, eine gesunde, stimmerhaltende, obertonreiche Legatotechnik zu vermitteln – und damit hat man als Gesangspädagoge und Persönlichkeitsaufbauender mehr als genug zu tun! Die Persönlichkeit,

---

[25] Richard Wagner, »Über die Aufführung des Tannhäuser«, in: *Sämtliche Werke und Dichtungen*, Bd. 5, Leipzig 1887, S. 128.

die jedem wirklichen Ausdruckswillen zugrunde liegt, können wir nicht schaffen. Wir können nur versuchen, ihre Entwicklung zu befördern.

Mit irgendwelchen neuen Lehrplänen oder Modulen wird man Wagnersänger sicherlich nicht systematisch züchten können. Der Lehrer mag noch so wissend sein, der Studierende noch so begabt: die Geburt eines neuen wirklichen Wagnersängers lässt sich kaum anders als mit Goethes Worten beschreiben:»Das Unbeschreibliche / Hier ist's getan«.

In jedem Falle sollte aber gelten:»Verdammtes Schrein! – Das soll NICHT sein!«

Vielen Dank für Ihre Aufmerksamkeit!

Ulf Bästlein: Bevor er sich dem Gesang zuwandte, studierte Ulf Bästlein Latein, Griechisch, Deutsch, Italienisch, Philosophie und Kunstgeschichte in Freiburg, Rom und Wien. 1989 promovierte er zum Dr. phil. als Stipendiat der Studienstiftung des Deutschen Volkes. Seine Dissertation befasst sich mit dem Verhältnis von Ton und Wort (*Notation mündlich vorgetragener Texte*). Seine Bühnenlaufbahn begann der Bariton 1987. Sein CD-Debut mit Heine-Vertonungen des 19. Jahrhunderts fand ebenso große Anerkennung in der Fachpresse wie seine Einspielung von Schuberts *Winterreise* (ars musici). Zahlreiche weitere Aufnahmen demonstrieren die Vielseitigkeit seines künstlerischen Schaffens. 2008/09 hat Ulf Bästlein Lieder von Anselm Hüttenbrenner in drei Bänden herausgegeben (Accolade). 1999 wurde der Bass-Bariton zum Professor an der Musikhochschule Lübeck berufen, 2000 ebenfalls an der Universität für Musik und Darstellende Kunst Graz. In den letzten Jahren entwickelte der Bariton neue Konzertformate, in denen literaturhistorisch-musikgeschichtliche Podiumsgespräche, Rezitation und Liedvortrag sich gegenseitig befruchten. Seit 2007 ist Ulf Bästlein maßgeblich an der inhaltlichen Entwicklung und organisatorischen Durchführung des bisher im deutschsprachigen Raum an Musikhochschulen ersten künstlerischen Doktoratsstudiums (artistic research) beteiligt: z. Zt. als Leiter der künstlerischen Doktoratsschule an der Musikuniversität Graz.

Tom Sol:
Hände weg von Wagner?

Ergebnisse einer Umfrage nach persönlichen Erfahrungen mit den musikdramatischen Werken Richard Wagners

Einleitung

Um konkret einige Fragen des Symposiums »Richard Wagner und der Sängernachwuchs« beantworten zu können, wurde Personen aus der Praxis, die sich künstlerisch oder wissenschaftlich mit den Musikdramen Richard Wagners auseinandersetzen bzw. auseinandergesetzt haben, eine Fragenliste geschickt. Da die Umfrage erst relativ spät gesendet werden konnte, hat sie kein Anspruch auf Vollständigkeit, nicht einmal auf Repräsentativität. Dennoch glaube ich, dass einige Antworten das wiederspiegeln, was das Tabu um das Singen der Musik Richard Wagners ausmacht: Unsicherheit hinsichtlich der Anforderungen, Missverständnisse bis hin zur Ablehnung einer Entwicklung der zum Wagnergesang führt und zugleich ein enormer Respekt und eine tiefe Empfindung für alles was mit Wagners Musikwerke in Verbindung steht.

Gefragt wurden ausschließlich Personen, die sich in den Spielzeiten 15/16 und 16/17 mit Wagner beschäftigt haben. Geantwortet haben letztendlich 24 Personen, 15 Sängerinnen und Sänger[1], 9 Dirigenten, Dramaturgen und Regisseure. Von den 24 waren 10 Frauen und 14 Männer.

Die Umfrage umfasste drei Themengebiete:

1. Persönlichen Erfahrungen des Befragten mit der Musik Richard Wagners.
2. Fragen zur Ausbildung von »Wagnerstimmen«
3. Meinungsfragen zur aktuellen Wagnerpraxis.

Die Antworten unterschieden sich insgesamt in ihrer Ausführlichkeit nicht sehr, jedoch war interessant zu beobachten, dass die Ausweitungen bei den verschiedenen Personen sehr unterschiedlich waren. Da, wo für den einen ein einfaches Ja oder Nein genügte, benötigte ein anderer fast eine ganze Seite um seine/ihre Ansichten zu erklären und

---

[1] Diese 15 Sängerinnen und Sänger umfassen alle üblichen Stimmtypen: 2 Soprane (davon eine, die als Mezzo angefangen hatte), 6 Mezzosoprane, 2 Tenöre und 5 Baritone.

umgekehrt. So wurde rasch deutlich, dass das Thema durchaus eine weitere Vertiefung braucht. Denn es gibt sehr viele ungeklärte Fragen.

1. Persönlichen Erfahrungen des Befragten mit der Musik Richard Wagners

Von 15 Sängerinnen und Sängern hatten 10 schon während ihres Studiums Wagner gesungen oder zumindest studiert. Diese Beschäftigung variierte vom Studium einer einzelnen Arie bis hin zu Auftritten in kleineren Rollen im Rahmen einer Produktion an einem Theater. Zwei der Mezzosoprane haben schon sehr früh die Rolle der Erda gesungen.

Bei den Nicht-Sängern haben sich 6 von 9 auch schon während ihrer jeweiligen Ausbildung mit Wagner beschäftigt. Einer spielte im Opernorchester, andere haben in Seminaren, bei Probenbesuchen und den Besuch von Vorstellungen erste tiefgreifende Eindrücke gesammelt.

1.1 Erste Erfahrungen mit Wagner

Die Sänger wurden gefragt, welche (auch kleinere) Wagnerrolle sie als erste gesungen haben und zu welchem Zeitpunkt ihrer Karriere dies stattgefunden hat. Bei den Frauen waren an Debütrollen: Ortlinde, Knappe, Blumenmädchen, Wellgunde, Mary, Rheintochter, Schwertleite, Siegrune, Waltraute und Wellgunde aber auch Erda, Brangäne und Venus. Bei den Männern wurden der Seemann, Melot und der Hirte (in *Tristan*), Kleinmeister wie Nachtigall, Ortel und Moser, Gralsritter, Steuermann, Erik und Loge genannt, aber auch Amfortas. Bei einigen gehörten diese Rollen zu den ersten Partien als professioneller Sänger überhaupt. So war der Sänger des Amfortas erst in seinem 5. Bühnenjahr. Für alle Sängerinnen und Sänger war das Angebot, diese Rolle zu singen, zu der Zeit nachvollziehbar und richtig.

Anschließend wurden die Sänger gefragt, wann sie ihre erste große/größere Wagnerpartie gesungen hatten und welche das gewesen ist. Bei der Hälfte war dieses Ereignis immer noch recht früh innerhalb ihrer Karriere gewesen. Nur ein Bariton gab an, seine erste große Rolle (Beckmesser) erst spät in seiner Karriere gesungen zu haben. Zwei Personen gaben an, noch keine großen Wagnerpartien gesungen zu haben. Eine der Sopranistinnen hatte im Mezzo-Fach begonnen. Sie hat mit der Rolle der Senta als Sopran ihr zweites Debüt gegeben. Andere erste Hauptrollen waren Beckmesser (3x), Elisabeth, David, Kundry, Brangäne (3x), Amfortas, Erik und Venus (jeweils 2x).

Die Nicht-Sänger wurde gefragt, mit welcher Oper Wagners, sie als erstes zu tun hatten, wann dieses Ereignis stattfand. Ergebnis: 2x *Tristan und Isolde*, 2x *Der fliegende Holländer*, 2x *Ring des Nibelungen*. Meistersin-

ger, *Lohengrin* und *Parsifal* wurden jeweils einmal genannt. Für zwei Dirigenten fand dieses Ereignis früh in ihrer Karriere statt (wenn auch nicht dirigierend), bei den Dramaturgen und Regisseuren war der Moment sehr verschieden. Nur der Regisseur des *Lohengrins* hat angegeben, dass sein Wagner-Debüt früh stattfand.

1.2 Ein guter Zeitpunkt

Weder bei den Sängern noch bei den Nicht-Sängern wäre jemand gerne früher oder später an Wagner herangetreten. Lediglich eine Dramaturgin hätte sich vorstellen können, sich auch früher mit Wagner beschäftigt zu haben. Die Befragten schienen auch zufrieden zu sein, mit den Rollen bzw. den Opern, die ihnen angeboten wurden. Geduld ist gefragt, und die Sängerinnen und Sänger, die erste Erfahrungen mit Wagner gemacht haben, hatten – nach ihren Aussagen – durchaus die Geduld, abzuwarten, dass ihnen weitere geeignete Partien des Meisters angeboten wurden.

Bei den Nicht-Sängern haben beide Dirigenten gesagt, dass sie noch Wünsche offen haben (beiden hoffen auf den *Ring* und die *Meistersinger*). Die anderen waren jeweils zufrieden mit dem Stück die sie »gemacht« haben.

2. Unterschiede hinsichtlich der stimmlichen Anforderungen

Im zweiten Abschnitt der Umfrage ging es um Aussagen und Einschätzungen hinsichtlich der Ausbildung von Sängern für die Musikdramen Wagners. Da wurde erst auf Unterschiede in Bezug auf die stimmlichen Anforderungen eingegangen, die Werke Richard Wagners stellen in Vergleich mit anderen »schweren« Komponisten – wie etwa Richard Strauss und Giuseppe Verdi.

2.1 Technische und künstlerische Anforderungen

Hier waren die Meinungen scheinbar vage, doch, wenn man die Antworten sorgfältig liest, sieht man, dass durchaus auf konkrete Anforderungen verwiesen wird. Dabei wurde einer Frage nach Vorurteilen vorgegriffen, und viele Antworten gegeben, die eher auf einen Wunsch- denn einen Ist-Zustand Bezug nahmen.

Zum Beispiel wurde von den Sängerinnen und Sängern darauf hingewiesen, dass auch Wagner vom Belcanto-Gedanken geführt wurde. Dazu kamen analytische Bemerkungen: Verdi läge im Durchschnitt der Tessitura höher als Wagner, Strauss schreibt größere Intervalle in seinen Partituren und Wagner stellt – mehr als Verdi – Ansprüche in Puncto Textbehandlung und Textverständlichkeit. Dennoch will niemand behaupten, dass einer schwerer oder leichter ist als die anderen. Eine andere Technik sei nicht erforderlich, nur eine andere Auseinandersetzung mit den Rollen-Charakteren.

Die Nicht-Sänger sind da etwas vorsichtiger in ihrer Aussagen: Die meisten meinen, dass es nicht so sehr technische Unterschiede gibt – wie die Sänger auch – sondern eine andere Sensibilität im musikalischen Umgang.

2.2 Einfache Rollen
Bei der Frage, ob es so etwas wie einfache(re) Wagnerpartien gibt, gingen die Meinungen sehr auseinander. Über die Hälfte der Befragten meinte, dass es solche sehr wohl gäbe (16 von 24), fünf Personen meinten, dass es sie nicht gibt und drei wollten es nicht einschätzen. Die Unterschiede waren bei Sängern und Nicht-Sängern gleich groß.

Ob es denn Wagnerpartien gibt, die sich besser für den angehenden Wagnersänger eignen als andere, wurde gefragt. Und wenn ja, welche? Da wurde eine lange Liste aufgezählt von Ensemblepartien wie Blumenmädchen, etliche Kleinmeister, Brabantische Edle, Rheintöchter, Nornen, Gralsritter, Knappen und einige Walküren, über kleine Solorollen wie der Hirte, Waldvogel, Donner, Seemann, Steuermann bis hin zu Froh, Erik, Erda, Rheingold-Mime bis hin zu Elsa, Elisabeth, Eva, Brangäne, Waltraute, Fricka und Freya.

Die Sänger gaben hier mehr konkrete Beispiele an als die Nicht-Sänger.

Die Fragen nach dem geeigneten Moment, mit Wagner anzufangen, war nach den vorigen Antworten weniger eindeutig als man annehmen möchte. Meistens wurde dies mit der individuellen Entwicklung des Sängers verknüpft: »Wenn Körper und Geist reif sind.« Dass diese Antwort nicht wirklich befriedigend war, sahen auch die Befragten ein, dennoch kamen nur wenige konkrete Einschätzungen. Eine der mehr philosophischen Antworten lautete: »So früh wie möglich, so spät als nötig«. Anderseits kam auch die Gegenfrage, warum Sänger geistig reif sein sollten, während Regisseure und Dirigenten mit einem Stück wie dem *Tristan* wenn nicht gleich dem ganzen *Ring* debütieren dürften.

Den Sängern wurde die Frage gestellt, welche Musik sich stimmlich gut mit Wagner kombinieren lasse. Hier waren die Meinungen sehr geteilt. Einige waren der Ansicht, man könne alles mit Wagner kombinieren, andere vertraten den genau gegenteiligen Standpunkt, dass neben Wagner nichts wirklich passt. Dazwischen blühte eine Bandbreite von Mozart bis Zemlinsky und von Belcanto über Lied bis Korngold und

Strauss. Vermutlich erklären sich die Unterschiede damit, wie die Frage jeweils aufgefasst wurde.

2.3 Wie teuer ist guter Rat?

Was würden Sie jungen Sänger raten, die Wagner singen möchten, war die nächste Frage. Sowohl bei den Sängern als bei den Nicht-Sängern war mehr als die Hälfte der Befragten der Meinung, die jungen Sänger sollten mit Wagner warten. Sie sollen weiterhin Geduld, Respekt für die Ansprüche und Technik üben, mit kleineren Partien anfangen, nicht schreien und Dirigenten suchen, die zuhören können. In 1935 äußert sich Lilly Hermann über die Probleme bei schweren Stimmfächern:

> »Wenn ein Wagner-Sänger eines Tages ganz normal wunderschön sänge, ginge die musikalische Welt unter. Doch besteht leider keine solche Gefahr. Entschließt sich nämlich ein Sänger mit junger, gutgebildeter Stimme eines Tages, nur Wagner- Interpret zu werden, so braucht er normalerweise viele Jahre, um als solcher einen Namen zu erlangen. Diese Jahre genügen, um seine Stimme zu verändern. [...] Hielt sie den Anfang noch aus, so nimmt ihre Qualität in dem Maße ab, in dem ihr Besitzer an Ruhm zunimmt.«[2]

Intendanten, Dirigenten und Regisseure, die Wagner machen wollen, würde man raten, den Anweisungen Wagners zu folgen, sich nicht von aktuellen Klischees und Moden beeinflussen zu lassen, sich lange und sorgfältig vorzubereiten, die jungen Sänger in Ruhe zu lassen und nicht zu verbrennen, und vor allem – die Stücke richtig zu lesen.

3. Exkurs: Repertoire

Wer heutzutage die Oper neu erfinden will, kann einfach eine ganz andere Kategorie von spezialisierten Sängern einladen. So werden in den zeitgenössischen Musiktheaterwerken sogenannte »extended techniques« verlangt, die weit entfernt liegen von dem, was ein Sänger mit einer klassischen Ausbildung gelernt hat. War das in Wagners Zeit auch so? Logischerweise bestand zu der Zeit, da seine ersten Opern gespielt wurden noch keine eigene Tradition und flossen die Erfahrungen, die die Sänger mit anderen zeitgenössischen Komponisten gemacht hatten, einfach in die Wagnerschen Werke ein. Es wird wohl die Unzufriedenheit gerade damit gewesen sein, die Wagner dazu veranlasste, Pläne für eine eigene Singschule zu schmieden. Wie wir gerade gesehen haben, gab es bei den Befragten keinen Konsens hinsichtlich der Kombinier-

---

[2] Lilly Hermann, *Des Sängers Fluch. Ein Führer durch das Labyrinth der Gesangsmethoden*, Wien 1935, S. 25.

barkeit von Wagners Werken mit anderen Kompositionsstilen. Gerade deswegen möchte ich einen kleinen Exkurs einlegen hinsichtlich des Repertoires, das die Sänger der Uraufführungen neben Wagner sangen, in welchen Rollen sie also noch auf den Bühnen standen.

3.1 Mozart und Meyerbeer

Vermutlich zu Wagners Missvergnügen, haben die meisten der Sängerinnen und Sänger sich oft und gerne mit der Musik Giacomo Meyerbeers beschäftigt. Kaum ein Sopran, der nicht irgendwann eine Alice, Valentine, Urbain, Isabelle, Inez, Fides oder Marguerite gesungen stehen Raoul und Robert (der Teufel) in etwa so oft auf ihrer Repertoireliste, wie bei den Bässen und Baritonen der Bertram.

Interessant auch, wie populär im 19. Jahrhundert Mozart war. Insbesondere *Don Giovanni* und *Zauberflöte* waren ständig auf den Spielplänen, und alle Wagnersänger sangen auch die Opern Mozarts. Bei den tiefen Männerstimmen findet man Osmin, sehr oft Don Giovanni und Leporello, Sarastro und Papageno. Bei den Damen ist Pamina die meist gesungene Rolle aus dem Mozartrepertoire, gefolgt von Konstanze, Zauberflöten-Königin, Donna Elvira und etwas seltener Donna Anna, Cherubino und Zerlina. Sehr populär auch Agathe, Euryanthe und Rezia und deren männlichen Gegenspieler Max, Kaspar und Hüon. Bei den Italienischen Opern sind nach wie vor Rossini und Donizetti Gang und Gebe, von Bellini allen voran Norma und I Puritani. Lortzing ist im Aufkommen und jeder Bass singt mit Freude Baculus und Van Beth. Natürlich wird auch *Fidelio* immer wieder aufgeführt und kein Bariton, der nicht zwischendurch Pizarro singt um sich zu erholen. Überaus Bemerkenswert ist die Rollenvielfalt.

3.2 Historische Beispiele 1

Ich möchte einige Beispiele nennen, die sicher nicht repräsentativ sind, doch einen guten Eindruck vermitteln von dem, was Sängerinnen und Sänger in der zweiten Hälfte des 19. Jahrhunderts auf die Bühne brachten. Ein Sänger, der an mehreren Uraufführungen Wagnerscher Werke beteiligt war, ist Franz Betz. Er sang Sachs in der Premiere von *Die Meistersinger von Nürnberg*, und die drei Wotans im Bayreuther *Ring* von 1876. Sein sonstiges Repertoire umfasste: Don Giovanni, Telramund, Amonasro, Falstaff (*Lustige Weiber*), Marke und Valentin (*Faust*).

Marie Haupt-Unger sang bei dem gleichen Uraufführungsring sowohl die Rolle der Freya, als auch Gerhilde und den Waldvogel. Außerhalb von Bayreuth sang sie u.a. Ännchen, Elvira (in Puritani), Urbain aber auch die Venus. Dass Lilli Lehmann eine vielseitige Künstlerin war, ist weithin bekannt. Dennoch grenzt die Bandbreite ihres Repertoires an das Unvorstellbare. Eine Auswahl ihres Repertoires umfasst: Violetta, Pamina, Philine, Carmen, Brünnhilde und Isolde. Im *Ring* von 1876 sang sie Woglinde und ebenfalls den Waldvogel (vermutlich alternierend mit Marie Haupt-Unger).

Ein letztes aber auch eines der interessantesten Beispiele ist Anna Deinet, die erste Brangäne in Tristan. Was heute doch eher als eine Partie für Mezzosoprane angesehen und dementsprechend besetzt wird, wurde damals von eine Koloratursopranistin gesungen, deren Repertoire sich vornehmlich aus hohen Sopranpartien – der Zauberflöten-Königin, Konstanze und Inez – zusammensetzte, die aber auch leichte Rollen wie die Marie (in *Zar und Zimmermann*) und dramatische Rollen anbieten konnte – etwa die Venus.

4. Wagner an der Hochschule

Eine der Kernfragen des Symposiums war, ob Gesangsausbildungen (Hochschulen, Kunstuniversitäten) dafür geeignete Studierende auf die Vokalwerke Richard Wagners vorbereiten sollten. Da gab es interessanterweise einen Konsens, dass dies durchaus der Fall sein sollte. Von alle Befragten, Sängern und Nicht-Sängern fanden zwei Drittel, dass man Wagner stimmlich kennenlernen soll, wenn Stimme und Kondition dies nahelegen. Die Gegenfrage lautete mehrmals, ob es denn auch geeignete Lehrer gäbe, die befähigt sind, die Studierenden auf Wagner vorzubereiten. Richard Wagner selbst stellt sich in Bezug auf den Gesangslehrer folgendes Profil vor:

»Ich brauche einen, etwa vom Conservatorium [...] absolvierten Singemenschen, welcher einigermaßen mit der Stimme – im rein technischen Sinne – umzugehen gelernt hat. Stimm-Ausbildung kommt bei mir nicht vor, höchstens hier und da etwas Nachhilfe. Mein Adjunct müßte demnach vorerst mich und meine Forderungen für den höheren Vortrag, Atem, Phrasierung usw. verstehen lernen, und dann die Übungen, zu denen ich alle zwei Tage dazu komme, in meinem Sinne fortsetzen können.«[3]

Dafür lud er Julius Hey ein[4] und es wurden Gespräche mit Friedrich Schmitt geführt. Dies waren zwei der renommiertesten deutschen Ge-

---

[3] Richard Wagner in einem Brief an Hans Richter, 22. Oktober 1873, Bayreuth 2012.
[4] Julius Hey, *Richard Wagner als Vortragsmeister, 1864-1876*, Leipzig 1911, S. III. Richard Wagner in einem Brief an Friedrich Schmitt: »Nenne mir ein Werk, eine Gesangschule, die den rechten Weg zeigen könnte, und ich selbst will mich auf die Schulbank setzen, um zu lernen, wie man deutsche Sänger erzieht«.

sangspädagogen des 19. Jahrhunderts, die sich aber nach Meinung des Komponisten zu viel mit Ton und Technik befassten und Wagners Streben nach dramatischer Wahrhaftigkeit nicht nachvollziehen konnten. Dabei ist es eine berechtigte Frage, ob dieses Streben durch den Gesangslehrer anders als durch technische Hilfeleistung und Umsetzung unterstützt werden kann.

4.1 Vorurteile 1

Im dritten Teil des Fragebogens wurde nach Vorurteilen zu Wagners Musikdramen gefragt, sowie zu einigen »Tabus«, mit denen diese behaftet zu sein scheinen. Als erstes wurde gefragt, welche Unterschiede zwischen »früher und heute« man den positiven, welche den negativen Entwicklungen zurechnen würde. Natürlich geht es dabei um persönliche Wahrnehmungen. Die meisten Antworten bezogen sich auf die aktuelle Aufführungspraxis und Rezeption. So wurde als positiv bewertet, dass sich das Optische verbessert hätte, dass die Schauspielqualität sich wesentlich verbessert hat, und dass es mehr interpretatorische Freiheit gäbe.

Als negativ wurde bewertet, das heute zu viel (nur) auf Klang und zu wenig auf Verständlichkeit geachtet wird, dass doch noch viel geschrien wird und dynamische Differenzierung eine zu kleine Rolle spielt. Ebenfalls als negativ wurde empfunden, dass Wagner zu viel Big Business geworden sei.

Negativ	Positiv
Falsche Besetzungen	Weniger politisch
Früher mehr Pathos	Bessere Schauspielqualität und Wissen
Verständlichkeit verschlechtert	Mehr Darstellungsfähigkeit
Zu viel Geschäft und Entertainment geworden	Beruf hat sich geöffnet
Junge Stimmen verbraten, alles ist zu laut, zu wenig dynamische Unterschiede	Orchester sind besser und flexibler geworden
Kleine Theater wollen auch Wagner	Kleine Theater machen auch Wagner
Manierismen und Äußerlichkeiten wachsen	Natürlichkeit und Glaubwürdigkeit wachsen
Man nutzt die Möglichkeiten zu wenig	Es gibt viel mehr Möglichkeiten

Hier möchte ich darauf hinweisen, dass einige Bemerkungen sowohl im negativen wie im positiven Bereich gemacht wurden: so empfand ein Dramaturg die Tendenz, dass zunehmend auch kleinere Theater Wagner spielen wollen als negativ, während ein Dirigent diese Tendenz als sehr positiv einschätzte. Eine Dramaturgin meinte, dass heute mehr Manierismen und Äußerlichkeiten herrschen, eine andere Dramaturgin im Gegenteil, dass heute mehr Natürlichkeit und Glaubwürdigkeit auf der Bühne zu erleben ist.

4.2 Inspirierende Beispiele 1

Bei der Frage nach prägenden und inspirierenden Beispielen wurde eine enorme Bandbreite an historischen wie an aktuellen Namen genannt. Alle nannten vornehmlich Sänger, Dirigenten und Regisseure von der Nachkriegszeit bis heute. (Dabei wurden auch Namen genannt von Künstlern, die nicht direkt eine Assoziation mit Wagner hervorrufen).

Unter den Sängern ging es um die Soprane: Maria Callas (2x), Ileana Cotrubas, Regine Crespin, Kirsten Flagstad, Mirella Freni, Gwyneth Jones (2x), Sena Jurinac, Karita Mattila, Martha Mödl (2x), Anna Moffo, Birgit Nilsson (mit 4x am häufigsten genannt), Lucia Popp, Leontyne Price, Nina Stemme, Cheryl Studer. Die Mezzosoprane: Agnes Baltsa, Annelies Burmeister, Christa Ludwig, Waltraud Meier. Tenöre: Jössi Björling (2x), Nicolai Gedda, Peter Hoffmann, James King, René Kollo, Alfredo Kraus, Max Lorenz, Lauritz Melchior (2x), Peter Schreier, Richard Tucker, Gerhard Unger, Ramon Vinay, Franz Völker, Gösta Winbergh, Wolfgang Windgassen, Fritz Wunderlich. Baritone: Piero Cappuccilli, Robert Hale, Werner Hollweg, Hans Hotter, Benno Kusche, Franz Mazura, Hermann Prey, Heinrich Schlusnus, Eike Wilm Schulte, Giuseppe Taddei, Hermann Uhde, Michael Volle. Bässe: Nikolaj Ghiaurov, George London, Kurt Moll (2x), James Morris, Rene Pape (2x), Matti Salminen.

4.3 Historische Beispiele 2

Ihr Wagnerdebüt haben die hier als Vorbild genannten Sängerinnen und Sänger folgenderweise absolviert: In die Rolle der Elsa debütierten Lucia Popp (mit 41), Karita Mattila (36), Birgit Nilsson (35) und Regine Crespin (mit 23). In die Partie der Sieglinde: Kirsten Flagstad (40) und Gwyneth Jones (29), die beide als Mezzo begonnen haben.

Maria Callas machte ihr Wagnerdebüt mit 24, immerhin in der Rolle der Isolde. Cheryl Studer war mit 30 erstmals als Elisabeth zu hören. Martha Mödl hat bis 39 gewartet, bis sie ihren ersten Wagner sang und zwar die Gutrune, Sena Jurinac sang mit 32 Woglinde. Aus der jüngeren Generation bleibt noch Nina Stemme, die mit 31 die Freya sang.

Bei den Mezzosopranen ist die Bandbreite der Debütalter noch größer. Sang Agnes Baltsa ihre erste Wagnerrolle (immerhin die Partie der Ortrud) erst mit 45, und hatten Kirsten Flagstad und Gwyneth Jones als Mezzo ihre erste Wagnererfahrung als 38-Jährige mit Fricka bzw. Magdalena mit 26, so sang Waltraud Meier die Fricka mit 24 und Christa Ludwig als 19-Jährige eine der Rheintöchter.

Ob es bei den Herren anders verläuft? Wohl kaum, auch wenn 19-Jährige hier nicht vorkommen. Als Wagner-Novizen zeigten sich Gösta Winbergh mit 47, Nicolai Gedda mit 41, Franz Völker mit 34 in der Rolle des Lohengrin. Jössi Björling hatte mit 25 sein Wagnerdebüt ebenfalls in dieser Rolle.

Als Siegmund waren Peter Hoffmann mit 32 und Wolfgang Windgassen mit 36 das erste Mal als Wagnerinterpreten zu bewundern. Rene Kollo sang mit 32 den Steuermann, Peter Schreier mit 31 der Seemann. Dagegen war Ausnahmesänger Lauritz Melchior schon mit 28 als Tannhäuser zu erleben. Gerhard Unger sang mit 31 die Rolle des David und als 30-Jähriger konnte man in der Rolle des Walther von der Vogelweide Fritz Wunderlich hören, der das Versprechen einer Wagnerkarriere durch seinen frühen Tod leider nicht zu erfüllen vermochte.

Populär bei Baritonen waren und sind nach wie vor die Rollen des Heerrufers und des Wolfram. Als Heerrufer konnten Michael Volle mit 36, Heinrich Schlusnus mit 27 und überraschend, Giuseppe Taddei als 20-Jähriger sich unter Beweis stellen. Als Wolfram hat Eike Wilm Schulte mit 34 seiner Wagnerkarriere begonnen. Benno Kusche und Robert Hale waren beide 35, als sie respektive mit Beckmesser und Holländer ihr Wagnerdebüt feierten und Hermann Uhde und Hans Hotter waren beide 22, wobei Uhde in der recht übersichtlichen Rolle des Titurel, Hans Hotter jedoch in der anspruchsvolle Rolle des Wanderer debütierten.

Auch die genannten Bässe waren noch relativ jung bei ihrer ersten Schritten im Wagnerfach. George London sang mit 31 seinen ersten Amfortas, Matti Salminen mit 27 seinen ersten Hunding und Rene Pape mit 24 die Rolle des König Heinrich.

5. Exkurs: Das Alter
Hier möchte ich einen zweiten Abstecher zu den ursprünglichen Wagnerdebütanten einlegen. Dabei habe ich untersucht, wie alt die Sänger bei den Uraufführungen der jeweiligen Musikdramen waren. Natürlich

kann man die Umstände nicht so ohne weiteres vergleichen, doch möchte ich Ihnen einige bemerkenswerte Ergebnisse präsentieren:

5.1 Historische Beispiele 3

Den Kennern wohl nicht unbekannt ist die Tatsache, dass der erste Tristan, Ludwig Schnorr von Carolsfeld, erst 29 Jahre alt war, als diese Oper 1865 ihre Premiere erlebte. Natürlich eine Ausnahmeerscheinung. Seine Frau, Malwine, die die Isolde sang, war immerhin 40. Doch Brangäne, die schon vorher genannte Koloratursopranistin Anna Deinet, war 22.

Ein weiteres Beispiel: Der *Ring des Nibelungen*, 1876 in Bayreuth in seiner endgültigen Fassung auf die Bühne gebracht: Wotan 41, Alberich 45, Erda 34, Brünhilde 32. Siegfried 39, Mime 33, Erda 23, Fafner 21. Parsifal: Hermann Winkelmann, der die Titelrolle sang, war zur Zeit der Uraufführung, das war 1882, 33 Jahre alt, ebenso wie Anton Fuchs, der den Klingsor sang. Kundry (Amelie Marterna, die bereits die Brünhilde uraufgeführt hatte) war inzwischen 38, Gurnemanz 44, Die meisten Blumenmädchen waren zwischen 20 und 26 Jahre alt und Titurel, im Gegensatz zu Hermann Uhde, der die Rolle mit 22 sang, war mit dem 65-jährigen August Kindermann eher betagt. Auch in *Lohengrin* mögen die Lebensalter der Protagonisten manchmal überraschend erscheinen. Sänger der Titelrolle war Karl Beck, er war 36 Jahre alt. Der Heerrufer mit 33 deutlich älter als Giuseppe Taddei (der, wie erwähnt, 20 war, als er die Rolle sang). Elsa (Rosa von Milde) hatte das zarte Alter von 25 und ihr Ehemann (im wirklichen Leben) Hans Feodor von Milde, der den Telramund sang war auch erst 29. Dessen Bühnengattin Ortrud, gesungen von Josephine Fastlinger, war 27 Jahre alt, während König Heinrich 38 Jahre zählte.

Letztes Beispiel in diesen kurzen Abschweifung: *Die Meistersinger von Nürnberg*. Mathilde Mallinger sang mit 21 Jahren die Eva, ihre Amme Magdalena war die 48-jährige Sophie Dietz (übrigens eine Sopranistin, die sonst sowohl das Ännchen wie Ortrud in ihrem Repertoire hatte!). Die diversen sog. Kleinmeister variierten im Alter zwischen 22 (Michael Pöppl) und 60 (Eduard Hoppe), Beckmesser war der 55-jährige Gustav Hölzel, Hans Sachs und Walter von Stolzing wurden gesungen von respektive Franz Betz und Franz-Ignaz Nachbauer, beide 33 Jahre alt.

6. Inspirierende Beispiele 2

Kehren wir zurück zu den Vorbildern der Befragten. Die Frage war, von welchen Künstlern die Befragten sich haben inspirieren lassen. Neben Sängern wurden auch Dirigenten und Regisseure genannt. Bei den Dirigenten sind das – in alphabetischer Reihenfolge: Daniel Barenboim (3x), Karl Böhm (2x), Pierre Boulez (5x), Wilhelm Furtwängler (2x), Vladimir Jurowski, Hans Knappertsbusch (2x), Herbert von Karajan (2x), Joseph Keilberth (2x), Carlos Kleiber (2x), Erich Leinsdorf, Zubin Mehta, Felix Mottl, Günter Neidlinger (2x), Kirill Petrenko (2x),

Simon Rattle, Victor de Sabata, Tullio Serafin, Christian Thielemann (3x), Bruno Walter und Lothar Zagrosek und unter den Regisseuren: Sven-Eric Bechtolf, Frank Castorf, Patrice Chereau (5x), Willy Decker (2x), Stefan Herheim, Peter Konwitschny (2x), Harry Kupfer (2x), Hans Neuenfels (2x), Giorgio Strehler, Wieland Wagner (2x), Jossi Wieler. Hier ist vielleicht noch interessant zu erwähnen, mit welchen Werken diese Regisseure ihren persönlichen Wagner-Einstand gemacht haben.

Mit der Inszenierung des *Ring des Nibelungen* haben Bechtolf, Castorf, Chereau, Herheim und Wieler sich das erste Mal an Wagner gewagt. Letztgenannter allerdings nur mit dem Siegfried, anlässlich des Stuttgarter *Ring*-Zyklusses (bei dem bekanntlich jeder Abend durch einen anderen Regisseur in Szene gesetzt wurde). Konwitschny durfte sich an *Parsifal* versuchen, Kupfer an *Tannhäuser* und Neuenfels begann mit *Lohengrin*. Castorf, Chereau und Neuenfalls hatten ihr Wagnerdebüt gleich auf dem grünen Hügel.

7. Vorurteile 2

Die vorletzte Frage lautete: Welche Vorurteile hinsichtlich der Anforderungen, die die Werke Richard Wagners stimmlich wie dramatisch stellen, sind Ihrer Meinung nach falsch, welche berechtigt? Als wahr wurde von einigen angegeben, dass Wagner den Sängern eine starke körperliche Kondition und Disposition abverlangt. Die Stimme braucht Metall und die Heldenpartien sind richtig schwer.

Als nicht-wahr wurde erachtet, dass nur große Stimmen Wagner singen könnten, dass man brüllen oder Konsonanten spucken muss. Einmal wurde in Zweifel gezogen, dass es einen »eigenen« Wagnergesang überhaupt gäbe. Diese Diskrepanzen wurden repräsentativ zusammengefasst in der Aussage eines Sängers: Nicht wahr ist, dass »Wagner laut, langweilig und dramatisch ist«, doch ist wahr, dass »Wagner laut, langweilig und dramatisch ist«.

Wahr	Nicht wahr
Besondere Herausforderung	Anders Singen, keine andere Stimme
Man muss Wissen und Verstehen	Wagnersänger sind dick
Große und heldische Rollen sind schwer	Nur dramatische Stimmen können Wagner singen
Beschäftigungsintensiv	Wagner ist politisch gefährlich
Verlangt Kondition, Disposition und eine stabile Stimmbeherrschung	Wagner ist unsingbar
Kann die Stimme schaden, wenn nicht vernünftig gesungen und begleitet wird	Kostet immer die Stimme, weil man immer brüllen muss
Oft zu laut, langweilig und dramatisch	Oft zu laut, langweilig und dramatisch

8. Bayreuth oder die Wagner-Pflege

Die letzte Frage drehte sich darum, welche Bedeutung »Bayreuth« heute (noch) hat, und ob es aktuell Theater gibt, die eine interessante »Wagner-Pflege« betreiben. Bei der Beantwortung dieser Frage spielten eigene Bühnen-Erfahrungen eine entscheidende Rolle und es war interessant zu lesen, welchen Status der Mythos Bayreuth dabei einnimmt. Hervorgehoben wurde die einzigartige Akustik des Festspielhauses. Für viele sind jedoch die großen Jahre der »Werkstatt Bayreuth« seit längerem schon Vergangenheit. Doch sollte die Einzigartigkeit eines Theaters, das sich über die Ausschließlichkeit seines Repertoires definiert, doch mit anderen, wohlwollender Maßstäben gemessen werden als »normale« Theater. Negativ wurde die Folklore um die Festspiele bemängelt.

Positiv	Negativ
Vip-Hype	Folklore
Chor und Orchester grandios	Werkstatt-Idee verschwunden
Groß und wichtig	Verpasste Chance
Akustik einzigartig	Erinnerung an große Zeiten
Musikalisch wichtig	Szenisch unbedeutend
Ausschließlichkeit ist besonders	Zu wenig Planung

Als interessante andere »Wagnertheater« wurde eine bunte, vielleicht nicht für alle ganz nachvollziehbare Liste von mittleren und größeren Opernhäusern aufgezählt:

Berlin (5x), Chemnitz, Dessau, Detmold, Dresden (3x), Düsseldorf, Erl, Frankfurt, Freiburg, Karlsruhe (2x), Leipzig (3x), Mannheim, Moskau, München, Stuttgart, Wien. Fünf Personen gaben an, keins der deutschen Theater könne aktuell das Erbe von Bayreuth antreten, andere meinten, dass vor allem kleinere Theater neue Chancen auf Wagner- Traditionen bieten.

9. Fazit

Was sagen nun diese Zahlen zum Thema Ausbildung und Richard Wagner? Sollten die Gesangsausbildungen sich nun mit Wagner beschäftigen oder doch besser die Finger davon lassen? Viele sagen, Wagner sei mit Vorsicht zu genießen. Andererseits muss man doch irgendwann mit Wagner anfangen können? Ein Dilemma. Historische Beispiele gibt es in beiderlei Hinsicht: Jungberufene wie Alterfahrene kommen gleichermaßen zum Wagnersingen. Vielleicht ist Wagner auch einer der wenigen Komponisten, der noch nicht so voll und ganz von dem Jugendwahn des modernen Musiktheaters vereinnahmt wurde und das sollte so bleiben. Schwierigkeiten ergeben sich angeblich dann, wenn die Stimmanlage in die Richtung Wagners weist, aber weder technische noch stilistische Fähigkeiten vorhanden sind, diese Richtung schon voll und ganz einzuschlagen. Was könnte eine Stimme, die zwar für diese Art Repertoire prädestiniert, aber physiologisch noch nicht so weit ist studieren, um für den Moment vorbereitet zu sein, wenn dieser

denn endlich da ist? Es gibt Stimmen die sich gerade mit »leichteren« Rollen schwer tun.

Hier liegen manchmal sinnvolle Möglichkeiten und Chancen in Operetten und komischen Opern. Die lyrischen Rollen in den Opern von Lortzing, Nicolai, Carl Maria von Weber, aber auch die Operetten von Lehar, Strauss und Kalmann bieten eine Fülle von technischen und dramatisch herausfordernden Ansätzen, die der Musik Richard Wagners näher sind, als man auf den ersten Blick meint.

Wagnergesang scheint eine Spezialisierung, obwohl es auch dafür keinen wirklichen Hinweis gibt, und kein Mensch verlangt, dass man mit Mitte 20 eine große dramatische Partie zu lernen hätte.

Tom Sol: Der gebürtige Niederländer Tom Sol studierte Gesang in Amsterdam und ist nach wie vor als Sänger freiberuflich tätig. Insbesondere wurde er für seine Darstellungen in zeitgenössischen Opern geschätzt (Staatsoper und Komische Oper Berlin, Biennale München, Holland Festival, Bregenzer Festspiele, Rotterdamer Operntage). Darüber hinaus verkörperte er zahlreiche Rollen in Barockopern (Nero von Keiser, Haendels Claudio) im klassischen Repertoire (Mozart, Haydn und Beethovens Pizarro) sowie in Opern von Puccini, Strauß und Britten. In Berlin ist er regelmäßiger Gast der Zeitgenössischen Oper; wo er in einer, sowohl vom Publikum als auch von der Kritik, hochgelobten Produktion von Peter Maxwell Davis *Eight Songs for a Mad King* zu hören war. Nach Lehraufträgen in Amsterdam und Arnheim (NL) erhielt er die Berufung nach Graz, wo er neben seiner Professur für Gesang auch organisatorisch verschiedenste Funktionen bekleidet (Institutsvorstand, Vorsitz der Curricula Kommission Gesang) und aktiv bei den verschiedenen Institutionen der KUG mitarbeitet (Steuerungsgruppe für das Audit des Qualitätsmanagements der KUG, Auswahlgruppe für Lehrveranstaltungen des Zentrums für Genderforschung). 2015 schloss Tom Sol das Doktoratsstudium der Musikästhetik mit der Dissertation *Das bewertete Singen* über die professionelle Beurteilung von Sängerinnen und Sängern ab.

Literatur

Biehle, Herbert, *Die Stimmkunst, Geschichtliche Grundlagen*, Leipzig 1931.

Fischer, Jens Malte, *Große Stimmen*, Köln 1986.

Hermann, Lilly, *Des Sängers Fluch. Ein Führer durch das Labyrinth der Gesangsmethoden*, Wien 1935.

Hey, Julius, *Richard Wagner als Vortragsmeister, 1864-1876*, Leipzig 1911.

Rosenberg, Wolf, *Die Krise der Gesangskunst*, Karlsruhe 1968.

Graf Sporck, Ferdinand, *Richard Wagner als Sänger*, Wien 1928.

Richard Wagner, *Die Kunst und die Revolution 1849,* books.google.at.

Wolfram Seidner:
Gibt es eine Physiologie des Wagnergesanges?[1]

Eine Antwort auf die gestellte Frage könnte ganz allgemein lauten: keine menschliche Hoch- und Höchstleistung ist ohne ständige Beachtung der natürlichen Gegebenheiten möglich, die interindividuell erheblich variieren können. Das gilt auch für diejenigen, die besonders günstig veranlagt sind und deren stimmtechnische Fertigkeiten quasi optimal entwickelt wurden. Diese Aussage versuche ich zu präzisieren.

Die Grundlage jeder sängerischen Leistung, vor allem für die meist hohen Anforderungen in Wagneropern, sind neben besonderen konstitutionellen Faktoren eine spezifisch aufgebaute Stimm- und Gesangstechnik sowie ein kontrollierter Stimmgebrauch beim Sprechen und Singen. Jeder Sänger muss seine Grenzen erkennen und strikt beachten, denn auch der bestveranlagte, der zugleich über eine hervorragende Gesangstechnik verfügt, kann stimmlich versagen, wenn er nur unangemessen häufigen oder starken Grenzbelastungen ausgesetzt wird (»Singen am Anschlag«). Kommt es häufig sogar zu Grenzüberschreitungen, erhebt sich rasch die Frage, ob es sich noch um eine künstlerische Höchstleistung oder schon um einen klinisch relevanten Zustand handelt, der dringend Diagnostik und Therapie erfordert. Es kann also durchaus zu Überschneidungen zwischen künstlerisch-ästhetischen und stimmhygienisch-stimmärztlichen Gesichtspunkten kommen. Der erwähnte Grenzbereich verdient nicht nur durch Sänger besondere Aufmerksamkeit, sondern vor allem auch durch Dirigenten, Regisseure und fallweise auch durch Gesangspädagogen sowie betreuende Stimmärzte, die alle für die stimmliche Leistungsfähigkeit der Singenden eine hohe Verantwortung tragen und deshalb vertrauensvoll zusammenarbeiten sollten.

Natur, Naturhaftigkeit, Natürlichkeit und Naturalismus

Die renommierte Gesangspädagogin Franziska Martienßen-Lohmann hat zwar etwas blumig, zugleich jedoch auf sehr treffsichere Weise zu den Kategorien Natur, Naturhaftigkeit, Natürlichkeit und Naturalismus beim Singen Stellung genommen.

---

[1] Die Präsentation gründet sich auf Vorträge, die ich in den Jahren 2010 bis 2015 gehalten habe (2-4, 6, 8). Zur o.g. Thematik bringe ich jetzt lediglich eine ausführliche Zusammen-fassung, da die im Vortrag verwendeten zahlreichen Audio- und Videobeiträge nicht zur Verfügung stehen.

»Keine andere Kunstgattung erscheint so stark mit der Natur in eins verbunden wie der Gesang: weil das musikalische ›Instrument‹ hier der Körper selbst ist, den deutlichen Wirkgesetzen der Natur unmittelbar unterworfen – Wirkgesetzen leiblicher und seelischer Natur. [...] Alles Arbeiten im Gesang hat von der Natur auszugehen, ihren Gesetzen recht zu geben und im Kreise zur Natur zurückzukehren.«

Die Anfangsstufe für den Sänger bezeichnet die Autorin als Naturhaftigkeit und meint damit die erste spielerische Entfaltung seiner naturgegebenen Kräfte in lebendigen Übungsformen. Dann kommt er an eine Wegkreuzung und muss sich entscheiden. Der eine Weg führt über ernstestes Arbeiten, unermüdliches Suchen und Finden der Beziehungen zu besonderen stimmlichen Leistungen und zur Gesundheit der Stimme. Der andere Weg führt ins flache Tal, und auf bequemer Straße leitet er von der ursprünglichen Naturhaftigkeit zum Naturalismus des Singens über.

»Herrlich lockt im Naturalismus das ungehemmte Ausleben des jungen Temperaments ohne Rücksicht auf die Stimme. Verführerisch winken die leicht und früh gewonnenen Effekte – und der Beifall, der sie begleitet. Warnungen auch vonseiten des künstlerischen Gewissens [...] und der Stimmnatur (beispielsweise durch Unbequemlichkeiten in der Höhe oder des Lagenwechsels) werden überbraust vom Rauschen des Lebensgefühls. Und bald wird [...] aus stimmlicher Not die Tugend naturalistischen Ausdrucks gemacht. Die Zuhörer werden hingerissen – die Stimme aber leider auch...«

Naturalismus im Bühnengesang kann naive Zuhörer durchaus begeistern. Aber auch Dirigenten und nichtsängerische Fachleute können dazugehören, die naturalistisch unbeherrschte Sänger mit ihrer berstenden Gefühlswelt ganz besonders schätzen, fördern und dabei nicht ahnen, dass die Übersteigerung des Ausdrucks oft genug Selbstbetrug ist, dass sie eine Flucht vor der Tatsache des Nichtkönnens bedeutet und zu einer Minderung stimmlicher Kräfte führt. Die Gefahren naturalistischen Singens bestehen darin, in Ausdruck und Stimmgebung die Naturgesetze des Stimmorgans zu ignorieren. Singen mit hygienisch gesundem und reibungslosem Ablauf der Stimm-tätigkeiten sei nur unter Beachtung der Naturgesetze möglich.

Funktionsebenen
Künstlerisches Singen als ein hochkomplexer Vorgang erfordert den Einsatz und die Abstimmung mehrerer Funktionsebenen, die unablässig miteinander abgestimmt werden müssen. Fast monoman werden

immer wieder Einzelfunktionen – beispielsweise die Sängeratmung – als besonders wichtig erachtet, nicht wissend, dass sie nur als Teil eines Ganzen bedeutsam sind. Als Ebenen sind zu nennen: Haltung, Körperspannung und -bewegungen

- Sängeratmung, vor allem als subglottischer Luftdruck wirksam
- Stimmerzeugung, bezogen auf den Kehlkopf
- Klangformung und Klangverstärkung in den oberhalb der Stimmlippen liegenden Ansatzräumen (Vokaltrakt)
- Wahrnehmungen, vor allem aufgrund von Hör-, Bewegungs- und Vibrationsempfindungen
- zentrale Steuerung im Sinne einer genauen Koordination der Einzelfunktionen.

Die genannten Funktionsebenen werden beim Singen durch das Ausdrucksverhalten, durch Emotionen sowie durch eine zu vermittelnde Botschaft überformt. Es wäre vernünftig, mit einer Feinabstimmung der einzelnen Funktionsebenen die sängerische Stützfunktion zu kennzeichnen und diesen Begriff nicht allein an der Atmung festzumachen wie das leider noch immer geschieht.

Wichtig erscheint, dass sich die Pfeile auch umkehren lassen. Beispielsweise erfordert die Kehlkopffunktion für einen hohen, gehaltenen forte Ton eine andere Körperspannung und Atemeinstellung als ein Schwellton in mittlerer Lage oder die Beweglichkeit einer Koloratur. Die äußerlich sichtbaren Atembewegungen sind dabei viel weniger bedeutsam als ein variabler Druckaufbau unterhalb der schwingenden Stimmlippen. In Unkenntnis akustischer Grundlagen des Singens erfolgt ein gezielter Klangaufbau der Stimme, wie er für den Wagnergesang unverzichtbar ist, viel zu unsystematisch und zu inkonsequent. Es muss als grundlegender Irrtum bezeichnet werden, dass die »richtige Atmung«, die sich an den Atembewegungen orientiert, auch den »richtigen Klang« erzeugt. Oder eine andere »Pfeilumkehr«: Hörkontrollen und Vibrationsempfindungen sind wichtige Hilfsmittel, die Klangfähigkeit der Stimme zu kontrollieren und rückwirkend zu verbessern.

Stimmerzeugung und Klangformung
Die Wechselspiele zwischen Atemdruck und Kehlkopfspannung einerseits und der Klangentwicklung und Klangformung im Vokaltrakt andererseits lassen sich als zentrale Ereignisse beim Aufbau leistungsstarker Stimmen bezeichnen. Wenn ein hoher Atemdruck für ein überwiegend deklamationsbetontes Singen eingesetzt wird, wie das bei dramatischen und Charakterstimmen der Oper häufig geschieht, kann

man das Pressphonation nennen, die dann mit einer »Druckstimme« einhergeht. Wird der Atemdruck jedoch fein ausbalanciert an ein klangorientiertes Singen gut angepasst, hat sich die Bezeichnung Fließphonation eingebürgert, die zu einer »Klangstimme« führt. Diese Stimmgebung wird überwiegend von den lyrischen Stimmen der Oper benutzt.

Natürlich lassen sich sängerische Leistungen nicht ausschließlich als Druck- oder Klangstimmen klassifizieren, ich möchte damit ja nur Akzente setzen. In Wirklichkeit gibt es unzählige Spielarten zwischen den beiden Extremen, sowohl innerhalb einer Arie oder Szene, als auch innerhalb einer bestimmten Partie. Aus stimmphysiologischer und stimmärztlicher Sicht möchte ich jedoch nachdrücklich darauf hinweisen, dass ein hoher Atemdruck und eine hohe Kehlkopfspannung bei mangelhafter Klangorientierung stets zu gefährlichen Überlastungen der Stimme führen kann, während ein primär klangorientiertes Singen, das mit einer ausbalancierten Atemfunktion abläuft, diese Gefahren viel weniger aufweist. Diese Feststellungen gelten natürlich auch für Wagnersänger – oder sogar vorrangig für diese. Sicherlich ist der Hinweis einer Gesangspädagogin ernst zu nehmen, dass im Unterricht viel intensiver am Klangaufbau der Stimme gearbeitet werden müsste, da sich der »richtige Klang« schon die »richtige Atmung« nimmt.

Grundprobleme
Erstens: Die besondere Klangfähigkeit von Sängerstimmen bezieht sich nicht auf die Lautstärke an sich, sondern auf den »Stimmsitz«, die Fokussierung der Stimme, deren »Klangsubstanz und Klangkern«, also auf das, was wir als Glanz, Brillanz und Metall bezeichnen – die eingangs erwähnte Gesangspädagogin sprach treffend von einer »Leuchtspitze des Klanges«. Die einen sind damit von Natur aus besonders gut ausgestattet, andere aber nicht und brauchen dann dringend Entwicklungshilfe. Bei hervorragenden konstitutionellen Voraussetzungen können auch klanggeminderte Stimmen längere Zeit durchhalten, aber eine Stimmkrise ist dann meist schon vorprogrammiert. Zahlreichen Sängerinnen und Sängern musste ich in den Sprechstunden dringend empfehlen, wieder Gesangsunterricht für eine bessere Fokussierung der Stimme zu nehmen, da jede Klangminderung, die sich ja oft unbemerkt einstellt, reflektorisch zu einem erhöhten Atemdruck und einer gesteigerten Kehlkopfspannung führt. Mit einer sogenannten »Druck-Klang-Beratung« wollte ich verdeutlichen, dass der Abbau einer »Druckstimme« zugunsten einer »Klangstimme« erforderlich ist.

Zweitens: Umgangssprachlich wäre das jetzt zu nennende Problem mit fünf Zu's zu umreißen: zu hoch, zu laut, zu lange, zu häufig und zu angespannt. Hier müssten alle Sänger selbst ihre Grenzen austesten und entscheiden, was möglich ist und was nicht. Wenn sie aufgrund häufig überschießender Emotionen dazu nicht in der Lage sind, sollten sie sachkundige Hilfe in Anspruch nehmen.

Drittens: Allen ist die Orchestergröße und deren Besetzung – vor allem die Holz- und Blechbläser betreffend – in Wagneropern bekannt, aber viel zu wenig wird beachtet, wie häufig Vortragszeichen als Piano und Pianissimo vorgeschrieben sind, Ausdrucksbezeichnungen, die erstaunlich oft von selbstbewusst musizierenden Dirigenten ignoriert und »symphonisch überspielt« werden. Schließlich sind Regisseure zu nennen, die bewegungsintensiv und deklamationsbetont arbeiten und nicht immer die Leistungsmöglichkeiten von Sängerstimmen kennen. Sehr große Räume mit einer womöglich schlechten Akustik führen zu weiteren Belastungen. Und wird auch die gestiegene Intonation der Orchester bedacht? Der Kammerton a^1, der 1939 in London auf 440 Hz festgelegt und 1971 vom Europarat noch einmal bestätigt worden ist, wird zugunsten eines »brillanten Orchesterklanges« weitgehend ignoriert und häufig überschritten.

Hyperfunktionen
Bei forciertem Stimmgebrauch sind aus stimmärztlicher Sicht einzelne hyperfunktionelle Merkmale bedeutungsvoll, die als gepresstes Singen, erschwertes Ansprechen der Stimme, gehäufte pathologische Glottisschlag-Einsätze, Stimmknarren (»Knarzen«), Detonieren und Distonieren, häufiges Nachächzen und ein »schlagendes«, unflexibles Vibrato auffällig werden können. Die Folgen sind meist Störungen des Klanges, der Verlust subtiler sängerischer Leistungen, vor allem des Pianosingens, rasche Stimmermüdung und verzögerte Stimmerholung, Missempfindungen im Kehlkopf- und Halsbereich und sekundär organische Veränderungen an den Stimmlippen (»Knötchen«).

Eine physiologisch gebrauchte und gesunde Stimme muss nach exponiertem Sprechen und Singen rücknahmefähig sein. Das bedeutet, dass Anspannungen, die bei ausdrucksstarker, längerer, vor allem auch hoher und lauter Stimmgebung erforderlich sind, zurückgenommen werden können. Im klinischen Bereich hat ein sogenannter »Rücknahmetest« einen hohen diagnostischen Wert erlangt: man fordert die Patienten auf, zunächst ohne jegliche Anstrengung Zahlenreihen zu sprechen, anschließend soll über ein oder zwei Steigerungsstufen die Rufstimme eingesetzt werden, und danach verlangt man, sie urplötzlich auf den Ausgangswert zurückzunehmen. Im Normalfall geschieht dies ohne jegliche Klangänderung. Bleibt jedoch eine Tonerhöhung zurück, klingt die Stimme belegt oder gar knarrend oder setzt sie erschwert ein, liegt eine latente Hyperfunktion vor, die zumindest kontrolliert oder sogar behandelt werden sollte.

Überträgt man diese Erfahrungen auf Sänger, so gehört es zu einer gesunden, physiologisch geführten Stimme, dass sowohl innerhalb einer Partie als auch ganz grundsätzlich Pianosingen möglich sein muss. Auch eher dramatisch veranlagte Stimmen sollten diese Fähigkeit besitzen und dürften wegen dieser besonderen Veranlagung nicht überwiegend »wuchtig« eingesetzt werden. Wer das Pianosingen rundheraus ablehnt riskiert Probleme.

Neben dem Schwelltonvermögen, das bewusst zu pflegen und zu erhalten ist, gilt das Vibratoverhalten als wohl feinster Indikator für eine gesunde Stimmfunktion bzw. für eine drohende Stimmerkrankung. Wenn das Vibrato beim An- und Abschwellen nicht mitreagiert, d.h. in seiner Amplitude nicht veränderbar ist – vor allem beim Diminuendo nicht zurückgenommen werden kann – dann droht ernsthafte Gefahr.

Risiken bestehen vor allem bei jenen Wagnersängern, die einen Stimmgattungswechsel zur einer höheren Stimmgattung bzw. zu einem dramatischeren Stimmfach vorgenommen haben, z.B. beim Mezzosopran, der zum dramatischen Sopran gewechselt ist, oder beim Bass, der sich ins Heldenbaritonfach hineingesungen hat. Der mit den Wechseln meist verbundene höhere Kraftaufwand muss sowohl körperlich als auch psychisch und vor allem gesangstechnisch abgefedert werden und erfordert nicht selten eine immense Geduld. Im Idealfall sollte auch das ausgeprägte dramatische und heldische Singen stets von einer gewissen Mühelosigkeit, ja sogar von einem spielerischen Umgang mit der Stimme getragen werden, selbst dann, wenn das lieb gewordenen Hörgewohnheiten widerspricht.

Jegliche Kategorisierungen sind zu hinterfragen. Wer beispielsweise einige Male und versuchsweise eine bestimmte Heldentenor-Partie geschafft hat, ist deshalb noch längst nicht zu einem Heldentenor geworden, der glauben kann, sich in diesem Stimmfach so gut wie alles zumuten zu können. Übrigens finden sich in Biographien immer wieder Hinweise, dass erfolgreiche Wagnersängerinnen und -sänger die Rücknahmefähigkeit ihrer Stimme mit Partien in ihrer ursprünglichen Stimmgattung oder mit Mozartpartien systematisch gepflegt haben.

Zusammenfassender Überblick

Durch meine Ausführungen ist vielleicht deutlich geworden, dass sich die Frage, ob es eine Physiologie des Wagnergesanges gibt, unter dieser Zuspitzung weder bejahen noch verneinen lässt. Abgesehen davon, dass nicht jede sängerische Äußerung physiologisch erfolgen kann – das betrifft vor allem hohe Fortetöne – ist bei Sängerinnen und Sängern aller Stimmgattungen und Stimmfächer abzusichern, dass die natürlichen Leistungsgrenzen berücksichtigt und nicht allzu oft oder gar dauerhaft überschritten werden. Außerdem ist existentiell wichtig, die gesangstechnischen Fertigkeiten zu erhalten bzw. zu verbessern – bis ans Ende einer jeden beruflichen Laufbahn.

Dass Wagneropern besonders hohe Anforderungen an die Stimme stellen ist allgemein bekannt, und deshalb müssen sich alle am Singen Beteiligten darüber im Klaren sein, dass ein Missverhältnis zwischen konstitutionellen Voraussetzungen einerseits und individuell variierenden gesangstechnischen Fertigkeiten sowie starken oder gar überstarken Stimmbelastungen andererseits verheerende Folgen haben kann. Beispielsweise muss der Entschluss, die Stimmgattung oder das Stimmfach für Wagnerpartien zu wechseln, wohl überlegt sein, geduldig realisiert werden und unter Umständen gesangspädagogische oder stimmärztliche Begleitung in Anspruch nehmen – einschließlich der Variante, zum Ursprung zurückzukehren. Keinesfalls sollte die Entscheidung zu einer noch anstrengenderen Partie vom Ehrgeiz oder einer bestimmten Marktorientierung beeinflusst werden, wie das nicht selten noch geschieht.

Die Physiologie des künstlerischen Singens einschließlich des Wagnergesanges sollte sich also vorrangig an den Naturgesetzen der Stimmfunktionen, an Gesundheit und Leistungsfähigkeit der Stimme orientieren und davon ausgehen, dass große individuelle Unterschiede bestehen. Dabei sind nicht nur die Sänger für ihre Stimmgesundheit verantwortlich, sondern auch diejenigen, die sie verwalten, vor allem Regisseure und Dirigenten. Ob dafür immer ausreichend Interesse besteht und die erforderlichen Kenntnisse vorhanden sind?

Schlussbemerkung

Im Grunde scheue ich mich, meine Ausführungen im Jargon zu beenden, tue es aber dennoch, weil jahrzehntelange stimmärztliche Erfahrungen dahinter stehen. Unzähligen Sängerinnen und Sängern musste ich nach mitunter hartnäckigen Diskussionen bezüglich Wunschvorstellung und Wirklichkeit pragmatisch sagen: »Es geht nur das, was geht. Was nicht geht sollte man ändern oder gar unterlassen.«

Wolfram Seidner: Studium der Humanmedizin sowie Musikstudium mit dem Hauptfach Gesang. Solistenabschluss mit Lehrbefugnis. Facharzt für HNO-Heilkunde und Facharzt für Phoniatrie und Pädaudiologie. Arbeitsschwerpunkte: Stimmdiagnostik, Erkrankungen der Sing- und Sängerstimme, stimmverbessernde Operationen. Gründung und Leitung der Berliner gesangswissenschaftlichen Tagungen sowie der Berliner Vortrags- und Gesprächsrunden »Stimmerkrankungen bei Schauspielern und Sängern«, Lehraufträge an den Berliner Musikhochschulen. Mitbegründer und -organisator der Internationalen Stuttgarter Stimmtage sowie der Lübbenauer Schlosskurse »Stimmdiagnostik«. 10 Bücher (u.a. Seidner / Wendler *Die Sängerstimme*, Seidner *ABC des Singens*). Mitglied nationaler und internationaler Fachgesellschaften.

Quellen

1. Martienßen-Lohmann, Franziska: *Der wissende Sänger*, Atlantis, Zürich 1956.

2. Seidner, Wolfram: Der Heldentenor bei Richard Wagner – ein Fall für die Klinik?

4. Freiburger Stimmforum, Institut für Musikphysiologie und Musikermedizin, 26.-27.3.2010.

3. Wolfram Seidner: *Sind Wagner-Sänger Hochleistungssportler?* 29. Juniorentagung der Deutschen Richard-Wagner-Gesellschaft, Wildbad / Burgbernheim, 8.–10.3.2013.

4. Wolfram Seidner: *Wonne, Wohl und Wehe bei Wagner-Tenören*, Vortrag aus Anlass des 200. Geburtstages von Richard Wagner während der Bayreuther Festspiele, 16.8.2013.

5. Wolfram Seidner: »Dramatische Opernstimmen zwischen Sein und Nichtsein – physiologische und pathophysiologische Aspekte«, *Musikphysiologie und Musikermedizin 21*, Nr. 2 (2014), 104.

6. Wolfram Seidner: *David und Walter von Stolzing als Vertreter von Stimmfächern*, 31. Wagner-Werkstatt der Deutschen Richard-Wagner-Gesellschaft, Wildbad / Burgbernheim, 13.-15.3.2015.

7. Wolfram Seidner, Jürgen Wendler: *Die Sängerstimme*, Leipzig, 2010.

8. Wolfram Seidner, Michael Fuchs: Notbehandlung bei Wagner-Sängern – ein Sonderfall? Wissenschaftliches Symposium zu Hochleistung und Risiko im Musikdrama, Universität Leipzig, 20.-22.6.2001.

www.ingramcontent.com/pod-product-compliance
Lightning Source LLC
Chambersburg PA
CBHW051543230426
43669CB00015B/2706